本书出版获得吉林大学本科教材出版资助项目

资本市场概论

刘玉国　主编

李北伟　尹苗苗　副主编

知识产权出版社

全国百佳图书出版单位

图书在版编目（CIP）数据

资本市场概论 / 刘玉国主编 . —北京：知识产权出版社，2019.10
ISBN 978-7-5130-6286-2

Ⅰ . ①资… Ⅱ . ①刘… Ⅲ . ①资本市场—概论 Ⅳ . ① F830.9

中国版本图书馆 CIP 数据核字（2019）第 103377 号

内容提要

本书从资本市场的资本资源本身、参与主体、市场体系、主要交易品种、基础设施、主要制度规定、相关法制监管等方面对资本市场进行系统介绍，使读者在进行企业战略规划、资源整合时能够对所需的资本资源有一个完整的了解。

责任编辑：于晓菲 李 娟　　　　　　　　责任印制：孙婷婷

资本市场概论
ZIBEN SHICHANG GAILUN

刘玉国　主编

李北伟　尹苗苗　副主编

出版发行：知识产权出版社 有限责任公司　　　网　　址 : http : //www. ipph. cn
电　　话 : 010-82004826　　　　　　　　　　　　　　http : //www. laichushu. com
社　　址：北京市海淀区气象路 50 号院　　　邮　　编 : 100081
责编电话 : 010-82000860 转 8363　　　　　责编邮箱 : yuxiaofei@cnipr. com
发行电话 : 010-82000860 转 8101　　　　　发行传真 : 010-82000893
印　　刷 : 北京建宏印刷有限公司　　　　　经　　销 : 各大网上书店、新华书店及相关专业书店
开　　本 : 787mm×1000mm　1/16　　　　印　　张 : 16.5
版　　次 : 2019 年 10 月第 1 版　　　　　　印　　次 : 2019 年 10 月第 1 次印刷
字　　数 : 210 千字　　　　　　　　　　　定　　价 : 68.00 元
ISBN 978-7-5130-6286-2

前　言

　　资本作为市场经济活动的重要资源，长期以来一直是社会关注的焦点，人们所有的经济活动都要接触到它。但是，资本究竟是什么，如何运用资本，如何寻找并获取资本，却并不为所有人所熟知。有关资本的论述，经济类书籍中多有介绍，但是这些书籍的内容往往侧重于从金融角度对资本进行阐述，很少选择从工商企业经营管理的过程中整合资源的视角进行介绍。笔者编写的这本《资本市场概论》就是从上述研究方向入手做的一次尝试。本书从资本市场的资本、参与主体、市场体系、主要交易品种、基础设施、主要制度规定、相关法制监管等方面对资本市场进行了较为系统、全面的介绍，使读者在进行企业战略规划、项目资源整合时能够对所需的资本资源有一个完整的了解。

　　本书可以作为企业经营管理者了解资本市场的入门教材，创业者也可以借助本书寻求资本的助力。

目 录

第一章 综 述

第一节 资本与资本市场概述

一、资本

（一）基本概念

本质上，资本就是财富，通常形式是金钱或者实物财产。资本市场上主要活跃着两类人：寻找资本的人，提供资本的人。寻找资本的人通常是创业者、工商企业和政府，提供资本的人则是希望通过借出或者购买资产进而牟利的人。

从经济学角度看，资本指的是用于生产的基本生产要素，即资金、厂房、设备、材料等物质资源。在金融学和会计领域，资本通常用来代表金融财富，特别是用于经商、兴办企业的金融资产。广义上，资本也可作为人类创造物质和精神财富的各种社会经济资源的总称。

（二）历史前提

商品流通是资本的起点。商品生产和发达的商品流通，是资本产生的历史前提。商品流通的过程中产生了货币这一交换媒介，而货币正是资本最初的表现形式。在资本主义社会里，一切新资本都以货币形式出现在商品市场、劳动市场或货币市场上，经过一定的过程，这些货币就转化为资本。但是货币本身并不就是资本。必须把资本和资本所采取的形式区别开来，作为商品流通媒介的货币和作为资本的货币是不同的。在简单的商品流通中，小生产者用来购买原料和工具的货币并不是资本。

有了商品流通和货币流通，并不是就具备了资本存在的历史条件。只有当生产资料和生活资料的所有者在市场上找到出卖自己劳动力的自由工人的时候，即只有劳动力转化为商品的时候，资本才会产生。劳动力这一商品具有独特的使用价值，即劳动力的使用能创造价值，而且它所创造的价值大于劳动力这一商品本身所具有的价值，因此，能给资本家带来剩余价值。所以劳动力成为商品是货币转化为资本的前提条件（见劳动力商品）。

劳动力是任何社会生产所不可缺少的条件，但是只有在一定的历史条件下劳动力才成为商品。一方面，劳动力所有者必须是自由的人，可以自由地出卖自己的劳动力；另一方面，他已经丧失了一切生产资料，自由得一无所有，他必须出卖劳动力才能生活。这两个条件在人类社会发展过程中并不是从来就有的，也不是随着商品生产的出现而出现的。在封建社会末期，由于小生产者的两极分化，特别是通过资本原始积累，产生了大批出卖自己劳动力的雇佣工人，才形成了资本与雇佣劳动之间的关系。因此，资本是一个历史范畴，它以劳动力成为商品作为前提条件。

（三）分类

根据现今主流宏观经济学观点，资本可以划分为物质资本、人力资本、自然资源、技术资本。

物质资本（Physical Capital）：物质资本是指用于生产物品与劳务的设备和建筑物存量。

人力资本（Human Capital）：人力资本是经济学家用来指劳动者通过教育、培训和经验而获得的知识与技能的一个术语。

自然资源（Natural Resources）：自然资源是指自然界提供的生产投入。

技术资本（Technological Knowledge）：技术资本是指一组在生产、工艺和支持领域内可再生的能力，其显著的表现形式是专利、专有技术等知识产权。技术资本对产品或服务有直接的支持作用，其物化表现就是"创新资本"。

资本在现象上表现为一定数量的货币和生产资料，但货币和生产资料本身并不是资本，只有在资本主义社会中劳动力成为商品的前提条件下，货币和生产资料被资本家用来作为剥削雇佣工人的手段时，才转化为资本。奴隶社会和封建社会的商人资本与高利贷资本，虽然也剥削小生产者的剩余劳动，并从奴隶主和封建主那里瓜分一部分奴隶与农奴的剩余劳动，但由于奴隶社会和封建社会的商人资本与高利贷资本不是在生产领域中通过剥削雇佣工人获得剩余价值，因而还不是真正意义上的资本。因此，资本不是物，而是通过物体现出来的资本家与雇佣劳动者之间的剥削与被剥削的生产关系，资本是一个历史的范畴。

（四）资本的本质

1. 本质

在现实生活中，资本总是表现为一定的物，如货币、机器、厂房、原料、商品等，但资本的本质不是物，而是体现在物上的生产关系。

2. 特征

资本的主要特征有：① 资本是能够带来剩余价值的价值；② 资本是一种运动；③ 资本是一个历史范畴，它体现了资本家对雇佣工人的剥削，是资本主义生产方式的本质范畴。

资本是一种支配权，对物的支配权。在资本主义逐渐使生产资料与生产者分离后，也就是在资本原始积累的过程中，造成了大量无产者之后，这种对物的支配权就使资本获得了对劳动力的支配。要获得这种支配权，首先要求资本是一种居于统治地位的社会力量。资本是一种在古希腊奴隶制条件下就已经高度发达的经济范畴，但只是在近代的生产力基础上，才允许其获得这种统治地位。

被集体使用、不能被分割的生产资料之所以能被独占、分割，是因为它是资本。在资本主义制度下，生产资料的实物形态失去了意义，仅仅被当成一个价值额。当生产资料转化为一个价值额，它既能被独占，也能被无限分割，可见资本是现代私有制存在的最后理由。

资本是创造了的剩余价值，在单纯的商品交换中，一方取得的不会比另一方多，双方遵循着等价交换的原则，而取多予少只有在不发达或垄断的市场中才会存在。如果资本家不能在交换中取得更多，生产的规模又如何扩大？这当然可以通过技术进步所引起的资本贬值来达到，可是资本的贬值尽管可以使原有资本获得更大的购买力，使生产扩大，可是它却不能产生利润。

利润意味着资本家获得的比付出多，意味着一个白白获得的差额，这个差额无须他付出任何代价。这个差额是不能在商品交换中产生的，但它也不是在真空中出现的。这个差额来自于剥削，意味着工人的获得与付出是不等量的，是工人为资本家创造了这个利润。当利润被投入到生产中，再次开始这个过程，实现了自身的增值，这个价值就转化为资本。

当资本展开运动，不断地创造出剩余价值的同时也制造出各种社会危机。它在群体、民族、国家之间引起了剥削、压迫、仇恨，制造了贫困、愚昧、暴力。它不断地扰乱社会生产的顺利进行，制造出危机，每一次危机都如一次巨大的瘟疫，使社会一次又一次陷入恐怖与饥荒之中。而随着世界市场的发展，这些危机就像传染病一样在世界范围里蔓延开来，危机也就具有了世界性的特点。

尽管资本主义不断地通过自我调整，从而存活并成熟起来，然而随着资本主义日益发展成熟，它继续调整的空间也就越来越有限。当危机日益表现出世界性的特征，并引发全球性的生态危机、文化危机、战争危机，就必将导致政治危机。一旦危机无法在资本主义的范围内得到根本解决，对抗性矛盾发展到顶点，革命也就无可避免。

（五）运动价值

资本是一种生产关系、阶级关系，也是一种处于运动中的价值。资本的运动是阶级关系的表现。资产阶级经济学家把资本描述为静止的物，马克思则把资本理解为运动。资本一旦停止运动，就丧失了它的生命力。

因此它只有在不断地运动中才能够不断地榨取剩余价值。资本的运动表现为资本循环;周期反复的循环就是资本的周转。资本在循环中依次采取货币资本、生产资本和商品资本三种形式。货币资本的职能是为资本主义生产做准备,生产资本的职能是生产剩余价值,而商品资本的职能则是实现剩余价值。资本只有顺利地从一种形式转变为另一种形式,顺利地通过购买、生产、出卖三个阶段,才能生产并实现剩余价值。

资本的循环是生产过程和流通过程的统一,是三种形式、三个阶段的统一。在资本的循环过程中不断地采取而又抛弃这些形式,并在每一种形式中执行相应职能的资本,就是产业资本。为了保证生产的连续性,产业资本必须按一定比例分为三个部分,同时采取三种形式并各自完成自己的循环:货币资本的循环、生产资本的循环和商品资本的循环。产业资本的连续进行的现实循环不仅是生产过程和流通过程的统一,而且是三个循环的统一。

资本虽然有"原罪",本身也是逐利的,但是资本本身不能超越资本伦理的界限,否则就会导致资本自身的毁灭。资本是人类社会活动的产物,是人类社会活动的资源之一。如果资本凌驾于人类之上,超越人类的良知,那么它本身也就没有了存在的基础,也就必然消失。

二、资本市场

(一)概念

资本市场(Capital Market),又称长期金融市场、长期资金市场,是指期限在 1 年以上各种资金借贷和证券交易的场所。

资本市场是政府、企业、个人筹措长期资金的市场,包括长期借贷市场和长期证券市场。在长期借贷市场中，一般包括银行对企业提供的长期贷款以及对个人提供的消费信贷；在长期证券市场中，主要是股票市场和长期债券市场。

资本市场上的交易对象是 1 年以上的长期证券。因为在长期金融活动中，涉及资金期限长、风险大，具有长期较稳定收入，类似于资本投入，故称为资本市场。

资本市场是金融市场的三个组成部分之一，是进行长期资本交易的市场。长期资本指还款期限超过一年、用于固定资产投资的公司债务和股东权益——股票。与调剂政府、公司或金融机构资金余缺的资金市场形成鲜明的对照。

（二）交易对象

资本市场的交易对象是股票、债券和证券投资基金、现金、不动产等。

（三）主要类型

资本市场上资本出让的合同期一般在 1 年以上，这是资本市场与短期的货币市场和衍生市场的区别。

资本市场可以分为一级市场和二级市场：在一级市场上新的吸收资本的证券发行并被投资者需求；在二级市场上，已经发行的证券易手。

假如一个市场符合证券交易所的要求，则这个市场是一个有组织的资本市场。一般来说，通过时间和地点的集中，这样有组织的市场可以提高市场流通性、降低交易成本，以此提高资本市场的效应。

（四）相关特点

与货币市场相比，资本市场特点主要有以下几个方面。

1. 融资周期长

至少在 1 年以上，也可以长达几十年，甚至无到期日。

2. 流动性差

在资本市场上筹集到的资金多用于解决中长期融资需求，故流动性和变现性相对较弱。

3. 风险大

由于融资期限较长，发生重大变故的可能性也大，市场价格容易波动，投资者需承担较大风险。相应的，作为对风险的报酬，其收益也较高。

在资本市场上，资金供应者主要是储蓄银行、保险公司、信托投资公司及各种基金和个人投资者；而资金需求方主要是企业、社会团体、政府机构等。其交易对象主要是中长期信用工具，如股票、债券等。资本市场主要包括中长期信贷市场与证券市场。

由于资金借贷量大且价格幅度变动大，因此其对应的风险也大。

（五）参与者

资本市场的资金供应者为各金融机构，如商业银行、储蓄银行、人寿保险公司、投资公司、信托公司等。

资金的需求者主要为国际金融机构、各国政府机构、工商企业、房地产经营商以及向耐用消费零售商买进分期付款合同的销售金融公司等。

三、资本与资本市场

资本运营，又称资本运作、资本经营，是指利用市场法则，通过资本本身的技巧性运作或资本的科学运动，实现价值增值、效益增长的一种经营方式，其中包括：发行股票、发行债券（包括可转换公司债券）、配股、增发新股、转让股权、派送红股、转增股本、股权回购（减少注册资本），企业的合并、托管、收购、兼并、分立以及风险投资等。

第二节　资本市场与经济发展

本书中我们是把资本作为社会再生产的一种必要资源来看待的。中国资本市场的发展是中国经济和社会改革的必然产物，随着其功能的逐步健全，资本市场对我国经济和社会的影响也日益增强。

一、市场的成长及其推动力

中国资本市场在短短二十多年的时间里，取得了非凡成长，成为全球第二大资本市场。而始于 19 世纪末期、同为新兴市场的印度和巴西市场，今天位列全球第五和第八。截至 2017 年 12 月底，我国共有上市公司 3485 家，其中沪市的上市公司数量达到了 1395 家，深市共有 2090 家；证券公司 109 家，基金公司 66 家，期货公司 163 家，投资者有效账户数 1.3 亿，是全球最大的投资者群体。同时，市场的质量也有了较大的提升。2000 年前后，《如何坐庄》《如何与庄共舞》

等是畅销书，而今天资产组合和价值投资等理念正在逐步成为市场的主流。

与此同时，我国市场的国际影响力也大大增强。20 年前，华尔街大部分交易员从未听说过中国资本市场，而今天，他们早上醒来的第一件事情，就是要看看前一天晚上 A 股市场是涨是跌，然后才能开始交易。

中国资本市场的快速成长，背后有两个重要的推动力。首先，它受益于中国经济的快速发展。实体经济发展到了一定水平，对金融服务和资本市场的需求成为必然。其次，资本市场的市场化改革，唤起了各个市场参与者的积极性，共同推动了市场的成长。从"包产到户"开始的连续三十余年的市场化改革使中国经济成为全球第二大经济体，以市场化为明确导向的股权分置、发行体制和基金业等改革，使中国资本市场从一个"小池塘"变成了今天的"汪洋大海"。

二、对经济社会发展的推动作用

资本市场已经成为中国经济要素市场化配置的重要平台。在现代经济体系中，一国的经济发展速度和运行效率，在很大程度上取决于包括资源、人才、资本、专利等各种经济要素配置的效率。资本市场的兴起和壮大，加速了我国经济要素的配置方式从计划方式向市场方式的转变进程。今天，我国的资本市场上，最具代表性的企业在这里进行 IPO、再融资、参与并购并发展壮大，亿万股票和基金投资者在这里投资，使得这个市场正成为我国市场经济运行和投融资活动的核心平台。资本市场的制度安排和全社会的广泛参与，也在一定程度上决定了我国继续深化市场经济改革的方向。

资本市场推动了现代金融体系建设。20 世纪 90 年代以前，中国金融体系由间接融资完全主导。资本市场的出现和发展，改变了这种格局。2017年年底，我国上市公司总市值56.69万亿元，为银行资产的28%，虽然仍低于美英等发达国家（超过100%）的比例，但无疑大大改善了我国的金融结构。另外，近年来，我国的主要商业银行，通过上市提高了资本充足率，引入了市场监督机制，改善了公司治理结构，也提高了运作的透明度，在全球商业银行中位居前列。

同时，资本市场的发展也拓宽了商业银行中间业务的范围，并为银行和保险等金融机构提供了多元化的资金运用渠道，极大地促进了我国企业的发展。资本市场不仅为企业提供了融资渠道，而且带动了股份制在我国的普及，推动了现代企业制度的建设。上市公司日益成为我国经济体系的重要组成部分，2010年年底，我国上市公司总资产86.22万亿元，为GDP的2.15倍；全年上市公司实现利润总额2.16万亿元，占规模以上企业的64%。国企治理一直是世界范围内的难题，而中国的国有企业通过股份制改革走向资本市场，不断发展壮大，已有中国石化、工商银行、建设银行等多家大型国有企业跻身于全球财富500强。其次，中小板和创业板的推出，更是有力地支持了众多中小企业和科技企业的发展，并在很多原先的家族性企业中逐步引入了现代企业的管理方式。据统计，在创业板上市的企业中，92%是民营企业。在中小板上市的苏宁电器，2005年上市后营业额增长了10倍，累计派现14.69亿元。今天，在日本东京街头，我们都可以看到苏宁电器收购的日本电器店。

资本市场对社会发展有全方位的影响。资本市场不仅加速了中国经济的现代化进程，也推动了相关的法律体系和会计制度的不断完善，促进了信用体制的逐步建立，带来了"家庭理财"等全新的理念。广大居民因为投资于资本市场而更加关注宏观经济的发展，并成为推动企业和经济发展的重要社会监督力量，完善了社会主义市场经济体系。而从资本市场这个最为市场化的市场中探索到的经验和规律，也能对其他领域的市场化改革提供有益的借鉴。

第三节　中国资本市场发展历程

一、中国资本市场发展回顾

纵观我国资本市场的发展过程，大致可以划分为以下三个阶段。

中国资本市场的萌生阶段（1978—1992年）：从1978年12月中国共产党十一届三中全会召开起，经济建设成为国家的基本任务。随着经济体制改革的推进，企业对资金的需求日益多样化，中国资本市场开始萌生，股份制开始在经济生活中出现。

全国性资本市场的形成和初步发展阶段（1993—1998年）：这一阶段，我国初步建立了统一的监管体系，资本市场从早期的区域性市场迅速走向全国性统一市场。随后，一系列相关的法律法规和规章制度［1993年，证券市场最重要的法规——《股票发行与交易管理暂行条例》出台；同年12月29日，与证券市场相关的另一部重要法律——《中华人民共和国公司法》以下简称《公司法》颁布］相继出台，资本市场得到了较为快速的发展。

资本市场的进一步规范和发展阶段（1999—2017年）：在这个阶段，随着经济体制改革的深入，国有和非国有股份公司不断进入资本市场，2001年12月，中国加入世界贸易组织，中国经济面临全面开放，伴随着金融改革不断深化，资本市场的深度和广度日益扩大。

二、推动中国资本市场发展的主要因素分析

（一）国家政策推动

国家鼓励发展直接融资，解决间接融资比重过大的问题。我国只有摆脱对银行融资的完全依赖，才能实现资本市场的市场化。国家提出要在政策上鼓励和加大力度发展直接融资，目前直接融资已经成为企业融资的重要手段，推动了资本市场的迅速发展。

（二）人民币升值的驱动

人民币升值对资本市场产生了重要影响，人民币升值预期将对股市的走势构成强力支撑，随着 2006 年以来，人民币对美元等世界主要货币的持续升值，大量国际资本来到中国市场逐利，为股市上升创造了相对宽松的资金环境。

（三）居民投资倾向增加

随着我国居民投资意识和收入水平提高，人们不再局限于通过传统的储蓄对财富进行保值，而是逐渐加强了投资倾向。居民对我国资本市场的未来发展保持乐观预期，大量居民储蓄流入股市又反过来刺激了资本市场的发展。

（四）企业融资需求增加

2000—2016 年我国投资总额呈现持续增长态势。在这样的时代背景下，传统的通过银行间接融资的方式已经很难满足企业的需求，而在资本市场融资则更为直接，数额更大，时间较短，方式也更灵活。资本市场的这些优势大大增加了企业进入资本市场直接融资的需求，同时也刺激了资本市场的发展。

三、我国资本市场发展的不足

（一）上市公司法人治理结构不规范

上市公司中，国有企业占有很大比重，而且国家股、法人股等非流通股本占到公司股本的 2/3 左右。在这种前提下，政府凭借控股股东地位对公司经营决策施加干预和控制，降低了公司的运营效率，损害了小股东的利益。

（二）股票价格指导作用不强

股票价格反映的是市场对企业的预期，它应该能指导金融资源流向业绩优良、发展前景好的公司。尽管管理层采取了许多措施来规范股票定价，但效果都不明显。尤其是"大小非""大小限"解禁更是使股票价格表现出不合常理的波动。这都对市场产生了极大的干扰。

（三）操纵市场现象普遍

目前，在中国资本市场上，由于法律体系还不够健全，执法不严、违法不究的现象较为严重，所以庄家利用资金优势、内部信息影响股价操纵市场的现象较为普遍，中小投资者由于信息和技术上的弱势，利益往往不能得到有效的保护。

（四）资本市场产品单一

我国现行资本市场只考虑了股票市场的单一发展，而没有注重其他相关金融产品的发展。一个只有股票市场而没有成熟债券市场的资本市场，不利于企业合理的调整其自身的资本结构。另外，没有发达的期货期权等金融衍生品市场也不利于对冲股票市场的风险，增加了股票市场的波动性。现在的股票融资和股指期货等金融衍生品交易还不能起到平抑市场波动的作用。

四、资本市场的创新发展

针对以上特点和问题我国也进行了颇有成效的创新。

（一）加快建设，完善了市场基础制度

资本市场基础制度建设是一个长期、艰巨的过程，在借鉴成熟市场经验的基础上，我国结合市场实际情况，正在逐步完善我国资本市场的基础制度。比如股权分置改革的基本完成清除了制约我国资本市场健康发展的一大制度性障碍，这是中国资本市场完善市场基础制度和运行机制的最为重要的变革，这一举措为中国资本市场资源配置效率的提高提供了市场化基础。

（二）加快完善，厘清了上市公司结构

相关部门不断完善促进上市公司的综合监管体系，在此过程中还不断促进并购重组和强化市场约束机制。以上举措改善了上市公司的运营规范性，市场法制也得以完善，监管执法水平稳步提升，进一步加大了对违法违规行为的查处力度，一批大案的及时查办对防范和化解市场风险、规范市场参与者行为起到了重要作用。

（三）加快发展，着力改善了市场

我国加快了主板以外的中小企业板块和三板市场建设，增加了资本市场的

纵向深度。在加快场内市场成熟步伐的同时，我国还建立了全国性场外交易市场。随着市场的不断完善，投资者队伍也不断扩大，证券投资基金、保险资金、社保基金、企业年金、QFII 等机构投资者正逐步成为资本市场的重要投资力量，丰富资本市场产品、完善资本市场结构的工作初见成效。

我国资本市场经过之前几十年的努力探索，已经取得了很大的发展。但是也应该看到，由于发展时间短，我国资本市场的法律法规仍很不完善，许多领域仍为空白。展望未来，资本市场在经济生活中必将扮演越来越重要的角色。

第四节　国外资本市场发展

一、资本市场的出现及其在欧洲的早期发展

人类的金融活动始于货币的出现。伴随着商业的繁荣，企业借助银行的信用向存款人间接融资的行为，在 15、16 世纪欧洲的意大利等地逐渐盛行起来。

企业依靠自身的信用，在资本市场向投资者发行股票或债券进行直接融资的金融活动，出现在 17 世纪前后。1602 年，荷兰成立了股份制公司——东印度公司，到海外开拓殖民地，进行贸易活动。为筹措资金，规避风险，东印度公司开始向社会发行股票。1609 年，在荷兰出现了世界上第一个交易所——阿姆斯特丹交易所。17 世纪到 19 世纪，在股份制和资本市场推动下，欧洲主要资本主义国家的经济得以快速发展。

从历史上看，资本市场是商业信用发展的结果，也是股份制和市场经济发

展到一定阶段的产物。但早期的资本市场上，企业往往缺乏商业信用，甚至有很多骗局，而投资者也缺乏风险识别能力，因此，欧洲最早的三大资本市场，都不约而同地因为过度投机和欺诈而遭遇了危机。它们分别是荷兰的"郁金香泡沫"、英国的"南海泡沫"和法国的"密西西比泡沫"。

二、美国资本市场的历程

以华尔街为代表的美国资本市场依托于美国经济社会的发展成长起来，反过来也对其产生了重大的影响。这里，我们简要回顾一下华尔街发展过程中的一些重要历史事件。

（一）华尔街的起源

随着欧洲移民迁徙到北美洲，美国资本市场开始兴起。纽约凭借天然良港的地理优势，以及荷兰移民带来的热爱商业和交易的精神，最终成长为全球金融中心。

美国于 1776 年建国。取得独立战争胜利后，华盛顿于 1789 年宣誓就任第一任总统。为了偿还战争借款，美国政府在初生的资本市场发行大量的国债，带来了纽约金融市场的繁荣，但也因为从事证券销售的经纪人的无序竞争而陷入混乱。1792 年，纽约的 24 名经纪人达成《梧桐树协议》，约定在出售每一手证券的时候，收取的佣金不能低于证券面值的 2.5‰。在这个价格垄断协议的基础上，日后的纽约交易所得以形成。而在纽约交易所门外马车上进行交易的"路边交易者"们，后来形成了纳斯达克市场的雏形。

（二）美国资本市场与美国经济社会的发展

美国的资本市场从诞生第一天起，就和经济社会的发展密不可分。从国债发行支持战争债务重组，到运河和铁路股票上市促进经济一体化和农牧业规模化生产，华尔街都扮演了重要角色。马克思在《资本论》中有一段著名论述："假如依靠单个资本积累到能够修建铁路的程度，估计直到今天世界上还没有铁路。通过股份公司集中资金，转瞬间就把这件事完成了。"

在1861年至1865年的南北战争中，战争融资能力成为决定胜负的关键因素之一。北方政府依托于华尔街发行战争债券，一举动员了全国的金融资源和民众力量，到战争末期，发行国债的速度已经超过了军费开支；而南方依靠大量印钞筹集军费，通货膨胀率上涨了90倍，经济处于彻底崩溃的境地。

19世纪末期，美国的钢铁、化工、橡胶、石油、汽车等产业依托在华尔街的融资和并购活动迅速崛起，一举完成了重工业化并超越欧洲列强，诞生了通用电器、通用汽车、美孚石油、杜邦等世界级企业。1901年，美国钢铁大王卡耐基的产量已经超过了号称"日不落帝国"的英国，华尔街的投资银行家摩根组织了财团，将其和美国其他几个最大的钢铁公司买下，并整合在一起，形成了美国钢铁集团，资本金高达当年联邦政府预算的2.75倍，一举形成了在全球的绝对垄断地位。

20世纪最后30年，美国的高科技产业依托于华尔街在全球范围内占领了各个制高点。风险投资、私募股权投资基金和资本市场共同推动了个人电脑、通讯、互联网和生物制药四大新兴产业的出现，培育了微软、思科、苹果等一大批世界级公司，并帮助美国成功走出70年代的"经济滞胀"，实现转型。同一时期，美国推动了大部分企业和家庭参与的、以401K计划为代表的养老体系与资本市场的协同发展，两者的相关性超过了90%，国家给予延迟纳税和税收优惠等政策支持，以共同基金为代表的机构投资者提供了专业理财服务，使得成千上万的普通家庭得以分享经济的成长。

到2000年，华尔街的影响力达到了顶峰。美国股市的规模是15万亿美元，相当于GDP的150%；债市规模20万亿美元，相当于GDP的200%。著名的美国金融历史学家、《伟大的博弈》一书的作者戈登曾评论过，"华尔街已经独立于美国，成为另一个世界强国"。在不到两百年的时间里，美国迅速超越欧洲列强，在包括高科技产业在内的诸多领域雄踞世界首位，是作为虚拟经济代表的华尔街和美国的实体经济协同发展的结果。

达到辉煌顶点的华尔街也埋下了由盛而衰的种子。2000年前后，随着互联网产业泡沫的破裂，华尔街将房贷证券化产品作为一个新的增长点；与此同时，华尔街本身大量的杠杆化操作、金融创新泛滥和美国社会无节制的信用消费等的推波助澜，在2008年酿成了一场波及全球、影响深远的金融危机。在某种意义上，目前正在发生的欧美债务危机仍然是2008年危机的延续。

（三）美国资本市场的发展历程及路径探索

美国资本市场遵循了自下而上的发展模式，经历了非常曲折的过程。由于长期奉行政府对市场不干预的理念，在长达140年的华尔街早期历史中，没有监管机构，没有证券法，市场的欺诈众多，投机气氛猖獗。例如，在华尔街"运河热"时期发行的大量运河概念股票中，1/3未能完工，相当一部分从未动工过；在铁路热的股市投机狂潮中，据说还出现过"从地球通往月球的铁路"的招股说明书，并得到了投资者的踊跃认购。而当时的美国社会也处于早期发展阶段，股市的庄家往往与法官勾结在一起，肆意兴风作浪。

在这样放任自流的发展模式下，市场得以"野蛮生长"，但也会不断出现危机，给社会带来巨大的冲击和危害。1929年发生的股灾中，有很多经纪人和投资者因绝望而跳楼自杀。随后的大萧条中，千百万人流离失所，挣扎在死亡线上。痛定思痛，罗斯福实施的"新政"，其重要目标之一就是重塑华尔街。在这个阶段，美国颁布了《证券法》《证券交易法》《投资公司法》和《投资顾问法》等法律，成立了美国证监会，奠定了现代资本市场的基本监管和法律框架，试图寻求政府和市场的平衡点。第二次世界大战后，随着共同基金行业的快速发展，价值投资理念的逐步形成，美国市场的投机气氛逐步降低，走上了相对健康的发展道路。

2008年金融危机是美国资本市场发展历史上第二次重大危机，在某种意义上也是过度自由带来市场的崩溃，而危机之后《美国金融监管改革法案》的通过，也是在试图重新寻找政府与市场的平衡点。

三、世界金融市场发展历史对我们的启示

（一）资本市场和一国的经济社会发展相伴相生，而脱离经济社会需求的金融发展会带来灾难

在运河铁路的修建、南北战争、重工业化、高科技浪潮这些重要历史事件中，我们都可以看到美国的资本市场发挥了重要作用。一个发人深省的历史事实是：1895年发生了中日之间的甲午海战。尽管当时中国的GDP总量是日本的5倍，但因缺乏战争集资能力，北洋水师的舰队维护和炮弹供应严重不足，终以完败告终；而日本依托其资本市场发行国债，迅速动员了全社会的资源支持战争，

其结果自然完全不同。从世界各国百年兴替的历史来看，我们可以说，"资本市场的博弈牵动着大国的博弈和兴衰"。

从"郁金香泡沫"到 2008 年的金融危机，世界金融历史也说明，脱离经济社会的金融发展会带来危机和灾难。在美国历史上，代表着社会民众和实体经济的"主街"，与代表着虚拟经济的"华尔街"是一对相互依存的矛盾体：凡是二者结合得比较好的时期，美国经济社会就发展得比较顺利；一旦二者偏离，就会给经济社会带来沉重的打击。过去几十年中，美国的金融服务业过度膨胀，再次带来了危机，"占领华尔街"等事件就是二者失衡带来严重社会问题的一次集中爆发。

（二）资本市场代表着市场化的资源配置方式，但诚信缺失和非理性因素也会带来市场失灵

资本市场将人类经济活动中的很多要素转化为证券，公司的股份成为股票、信用成为债券、人的潜能成为期权，在电子平台上便捷迅速地交换。而市场参与者在买卖证券、寻求自身利益的同时，客观上推动了社会资源配置的优化。从长期来看，更多的金融资源走向资本市场是一个基本趋势。有效的市场化资源配置方式，是美国经济得以迅速崛起，并在高科技浪潮中步步领先的重要原因。

资本市场也对社会诚信水平和法律制度等方面提出了更高的要求。而且，资本市场是一个最为人性的市场，人性中的自私、贪婪、狂热等弱点，往往在资本市场上表露无遗，市场因而常常表现出较强的非理性和脆弱性，有时会偏离实体经济的发展，并出现危机。美国金融学家福古森曾计算过，"自 1870 年以来，人类一共发生了 148 次大大小小的金融危机"。但危机也会带来变革，比如 1929 年的股灾就带来了现代金融体系的基本监管框架。

《伟大的博弈》一书中有这么一段话："在华尔街这个伟大的博弈场中的博弈者，过去是，现在还是，既伟大又渺小，既高贵又卑贱，既聪慧又愚蠢，既自私又慷慨——他们都是，也永远是普通人。"这是我们在发展资本市场的过程中应该记住的。

（三）2008 年的金融危机对全球化时代的资本市场发展和监管提出了新的挑战，对世界经济金融格局也将产生深远的影响

此次危机首先表明，全球金融一体化的趋势正在加剧，各国金融市场相互影响的程度超出了原来的想象，这就要求必须加快我国资本市场的发展步伐；其次，"资本市场已经跨越了国界，而监管还止步于各国的边境之内"，未来，我们应该积极参与全球金融监管协调机制的建设并寻求适当的话语权；最后，危机及随后的金融动荡加快了业已开始的东西方格局的调整步伐，世界的重心加速向新兴国家倾斜。但欧美经济复苏进程的缓慢，也可能拖累中国和其他新兴经济体的发展，从而形成一种相互影响、相互缠绕的复杂格局。但如果我们调整得好，也会加快崛起的进程。

第二章 参与主体

筹资者和投资者是资本市场的主要参与者，加上中介机构和管理机构，它们之间的互相制约、互相依存就构成了资本市场的完整内涵。

第一节 筹资者队伍

资本市场的筹资者就是指通过发行某种金融工具以筹集资金的发行人或资金需求者。

根据性质的不同，筹资者可以分为公司筹资者与政府筹资者，其中公司筹资者包括企业、商业银行、投资银行（证券公司）、保险公司、投资基金等机构，政府筹资者包括中央政府和地方政府。

根据发行的证券品种不同，筹资者还可以分为国债筹资者、地方政府债券筹资者、企业债券筹资者、股票筹资者、基金筹资者和可转换债券筹资者等。

一、企业

现代经济中，企业的主要组织形式是公司，公司可以分为独资公司、有限责任公司、股份有限公司、合伙公司等不同类型。

一般来说，独资公司、有限责任公司和合伙公司可以发行公司债券等债务类融资工具，而股份有限公司除可以发行债务类融资工具外，还可以发行股票、可转换债券等权益类融资工具。

其中，通过发行公司债券所筹集的资金，是公司的债务，筹资者必须承担按时还本付息的义务；发行股票的责任是保障资本金的安全与增值；发行可转换债券所募集的资金，在债券未转化成股票之前是债务性资金，在债券成功转换成股票后则成为权益性资本。

企业到资本市场进行筹资主要出于以下两方面目的。

第一，筹集资金用于自身的发展。企业发展过程中需要源源不断的资金支持，用于设备更新、技术改造、新项目上马及科研投入等。尤其是处于发展初期的企业，获取资金的渠道并不畅通，其筹资成本也相对较高。虽然，目前也有一些具有战略眼光、风险承担能力较强的风险投资机构专门将一些资金投向那些尚处于萌芽状态或发展初期的、风险较高但颇具发展潜力的企业，但风险投资在我国尚处于起步阶段，有待于进一步规范发展。

第二，改善企业内部的财务结构。若一个企业的负债率较高，将严重影响其今后的筹资安排，导致筹资成本的增加。原因是较高的负债率意味着公司的债务偿还风险较大，可能导致企业的信用等级下降，从而影响到筹资的利率成本。因此，企业经营决策者们试图通过到资本市场进行筹资，来改善企业内部的财务结构，使之能更好地为企业市场价值最大化的目标服务。

企业在资本市场的筹资通常具有以下三个特点。

第一，筹集的资金额大。一项大的投资项目往往需要数千万元甚至上亿元的资金，因此企业投资需求的特点决定了筹资金额也是非常大的。

第二，筹资方式多样化。企业可以选择银行贷款、发行中长期债券及发行股票等方式来筹措所需要的资金，多样化的筹资方式可以增加企业在筹资选择方面的灵活性，但选择何种方式要根据企业的实际情况决定。

第三，筹资期限结构多样化。企业筹资者可以根据自身发展的需要及财务结构状况，进行短期、中期及长期性的筹资安排与合理的匹配。

二、商业银行

商业银行是接受存款、发放贷款并进行其他合法性的投资活动的金融机构。

商业银行到资本市场进行筹资活动的主要目的如下。

第一，筹集项目投资所需要的资金。商业银行为了扩展营业网点、兼并收购其他商业银行以及进行投资活动，往往需要大量的资金，因此可以通过资本市场来筹集必要的资金。各国对其商业银行所从事的业务活动范围均有不同的规定，所以不同国家的商业银行筹资的用途也就有所差异。

第二，改善商业银行的资本结构。银行的资本结构包括股权和债务两个方面，商业银行是一种高杠杆率的金融机构，其自有资金与总资产的比例较低，商业银行常常需要通过发行股票来增加自有资金额，提高资本充足率。

此外，商业银行还可以通过发行各种期限种类的债券来改变资产组合中的期限结构，以优化其资产负债结构。

商业银行到资本市场上筹措资金主要采取两种方式：

第一，发行中长期债券。国外许多银行都通过发行债券来筹措资金。由于受到法规的限制，国内商业银行目前还较少采取发行债券的筹资方式。

第二，发行股票。经验表明通过发行股票上市的方式可以较快地实现规模化经营。

三、投资银行（证券公司）

投资银行或证券公司到资本市场进行筹资活动的主要目的如下。

第一，业务开展的需要。当前，国际资本市场上的一笔大的企业购并业务往往需要大量的资金，这就需要从事相关业务的投资银行发挥必要的融资中介作用或运用自有资金为客户进行过桥贷款，而一宗大的证券自营买卖需要的资金额也是十分巨大的，这些都对从事相关业务的投资银行的资本金与总资产额提出了较高的要求。

第二，增加自身的实力。国外许多著名的投资银行实力非常强大，不仅拥有优秀的人才、高质量的业务创新与服务水平，而且其资产规模更是惊人。国内投资银行想要在竞争中生存，就必须充分利用资本市场来筹集大量的资金，实现超常规的发展。

投资银行采取的筹资方式主要有以下四种。

第一，发行债券，即投资银行通过发行中长期债券来筹措业务开展所需资金；

第二，进行抵押贷款，即以公司本身的资产或权益作为抵押向有关金融机构进行借款；

第三，进行同行之间的资金拆借；

第四，发行股票上市。

四、政府

政府（包括中央政府和各地方政府）作为筹资者，是通过在资本市场上发行政府债券筹集资金的机构。

政府债券是指政府或者政府有关机构为筹集财政和建设资金而发行的债券。按照其发行主体的不同，政府债券又可以具体划分为国债、地方政府债券和政府机构债券。

国债是一国中央政府所发行的债券，是政府以国家信用为后盾来筹措资金的一种方式，所用资金一般用于弥补财政赤字或进行公共建设。在我国，财政部代表中央政府，是中国国债的发行者。目前，我国发行的国债类别主要包括：国库券、重点建设债券、财政债券、国家建设债券、特种国债、保值公债等。发行的国债品种主要有：①按国债保管方式划分，包括无记名国债、凭证式国债和记账式国债三种；②按国债付息方式划分，包括零息国债、贴现国债和附息国债，其中 1981—1993 年我国发行的都是零息国债，1994 年才开始发行贴现国债，1996 年 6 月首次公开发行附息国债；③按国债利率方式，可以分为固定利率债券和浮动利率债券。

地方政府债券也称为市政债券，是地方政府为了发展地方经济，兴办地方事业如交通运输、文教科研、卫生设施等而发行的债券。地方政府债券是以地方政府担保，它的信用等级仅次于国债，同时也具有税收豁免特征。市政债券按偿还的资金来源一般可分为两类：一类是一般债务债券，它是以发行人的一般征税能力作为担保的，其偿还列入地方政府的财政预算；另一类被称为收入债券，它是为了给某一特定的盈利建设项目（如公用电力项目）筹资而发行的，其偿付依靠这些项目建成后的营运收入。目前，我国省、市地方政府正在进行发行市政债券的试点，有望化解地方政府的债务危机。

政府作为筹资者，其筹资的目的通常是进行公共产品投资和维护社会稳定。

当然，政府有时候为了维持国内资本市场的稳定，也会通过发行和购买证券来调节国内市场的供求状况，引导市场的其他投资者，其原理类似于公开市场操作。

另外，当遇到战争时，中央政府也会通过发行债券来筹集资金用于备战。

第二节　投资者队伍

按照证券投资主体的不同，资本市场的投资者可以分为个人投资者和机构投资者两种类型，他们构成资本市场的投资主体。其中，机构投资者主要有政府机构、金融机构、企业和事业法人及各类基金等。

一、个人投资者

个人投资者是指在资本市场进行投资的个人。从数量上讲，个人投资者在资本市场上占有举足轻重的地位，但在持有的金融资产总量方面，个人投资者通常远远落后于机构投资者。

个人投资的总体目标是：在风险一定的条件下，追求尽可能大的收益；或者在收益既定的条件下，承担尽可能小的风险。个人投资者也不像政府企业和机构投资那样，除了具有稳定市场与调整投资结构等多种目的外，还要承担相应的社会责任。

个人投资者的投资动机概括起来主要有以下五种。

第一，获取相对稳定的投资收益。稳定的收入来源比不确定的未来收入更加富有吸引力，特别是对于一些低收入者来说，他们更加需要投资收入来弥补一般收入来源的不足，因而更关心当前收入的可靠性和稳定性。一般来说，要想获得相对稳定的收入，投资者多数选择购买债券和固定收益股票，以及行业前景好、稳定性高的公司股票。

第二，实现资本增值。资本增值是投资者的共同心愿，通常可以通过两种途径达到：其一，将投资所获得的股息、利息进行再投资，日积月累，促使资本的增值；其二，投资于增长型股票，通过股息和股票价格的不断增长来增加资本价值。例如，著名的世界级投资大师巴菲特，就是采取价值型的长期投资策略来达到资本增值目的，其管理的伯克夏基金的平均年收益率在30%以上，大大超过整个市场的平均收益水平。

第三，保持资产的流动性。投资者在管理自己的资产时通常要考虑应急的情况发生，在投资决策过程中要充分考虑资产的流动性。通常，证券的流动性与期限成正比，与收益率成反比。理性的投资者，会为自己设计一种合理的证券期限结构，将不同期限结构和收益率的证券进行组合匹配，来保持个人资产合理的流动性与收益性。

第四，实现投资品种的多元化。投资于单一品种的证券，投资者可能会遇到两方面的困难：其一，单一证券的风险性相对较大；其二，单一证券对投资者的边际效益递减。建立多样化的合理的投资组合可以降低或消除非系统性风险，将资金按照一定的比例投资于多个证券品种可以增加投资者的效用。

第五，参与企业的决策管理。少数资本实力雄厚的私人投资者会通过大量购买某个公司的股票来取得控制权。但对于绝大多数中小股东来说，这种观念非常淡薄。目前，我国大多数个人投资者仅仅将股票投资看成是买卖一种金融商品，而不是为了实现对某个公司的控制权。

二、机构投资者

（一）政府机构

政府机构参与资本市场投资的目的与个人投资者截然不同，主要是为了调剂资金余缺和进行宏观调控。各级政府及政府机构出现资金剩余时，可通过购买政府债券、金融债券投资于资本市场。

中央银行以公开市场操作作为政策手段，通过买卖政府债券或金融债券来影响货币供应量，从而进行宏观调控。

我国国有资产管理部门或其授权部门持有国有股，履行国有资产的保值增值和通过国家控股、参股来支配更多社会资源的职责。

从各国的具体实践看，出于维护金融稳定的需要，政府还可成立或指定专门机构参与资本市场交易，减少非理性的市场震荡。

（二）金融机构

参与资本市场投资的金融机构包括证券经营机构、银行业金融机构、保险公司以及其他金融机构。

证券经营机构是证券市场上最活跃的投资者，以其自有资本、营运资金和受托投资资金进行证券投资。我国证券经营机构主要为证券公司。

银行业金融机构包括商业银行、城市信用合作社、农村信用合作社等吸收公众存款的金融机构以及政策性银行，其中以商业银行为主。虽然证券投资的风险较大，但证券投资的盈利往往高于贷款的收益，而且证券投资的流动性较强，需要时可以随时脱手，因此证券投资通常作为商业银行资金运用的又一个途径。

保险公司是全球最重要的机构投资者之一，除大量投资于各类政府债券、高等级公司债券外，还广泛涉足基金和股票投资。保险公司进行证券投资活动通常是出于对本金的安全性、收入的稳定性以及较高的营利性的综合考虑。保险公司对资产的流动性要求不高，可以进行中长期的证券投资活动。

其他金融机构包括信托投资公司、金融租赁公司、合格境外机构投资者（QFII）等。其中，QFII制度是一国（地区）在货币没有实现完全可自由兑换、资本项目尚未完全开放的情况下，有限度地引进外资、开放资本市场的一项过渡性的制度。这种制度要求外国投资者若要进入一国证券市场，必须符合一定的条件，经该国有关部门的审批通过后汇入一定额度的外汇资金，并转换为当地货币，通过严格监管的专门账户投资当地证券市场。

（三）企业和事业法人

企业可以用自己的积累资金或暂时不用的闲置资金进行证券投资。企业可以通过股票投资实现对其他企业的控股或参股，也可以将暂时闲置的资金通过自营或委托专业机构进行证券投资以获取收益。

我国现行的规定是，各类企业可参与股票配售，也可投资于股票一级市场；事业法人可用自有资金和有权自行支配的预算外资金进行证券投资。

（四）各类基金

基金性质的机构投资者包括证券投资基金、企业年金、社保基金和社会公益基金等。

证券投资基金是一种金融信托方式，它由众多不同的投资者出资汇集而成，然后由专业性投资机构（一般是基金管理公司）进行投资管理，专业投资机构再把集中起来的资金投资于各种产业和金融证券领域。

企业年金是指企业及其职工在依法参加基本养老保险的基础上，自愿建立的补充养老保险基金。按照我国现行法规，企业年金可由年金受托人或受托人指定的专业投资机构进行证券投资。

在大多数国家，社保基金分为两个层次：一是国家以社会保障税等形式征收的全国性社会保障基金；二是由企业定期向员工支付并委托基金公司管理的企业年金。由于资金来源不一样，且最终用途不一样，这两种形式的社保基金管理方式也完全不同。全国性社会保障基金属于国家控制的财政收入，主要用于支付失业救济金和退休金，是社会福利网的最后一道防线，对资金的安全性和流动性要求非常高。这部分资金的投资方向有严格限制，主要投向国债市场。而由企业控制的企业年金，资金运作周期长，对账户资产增值有较高要求，但对投资范围限制不多。

社会公益基金是指将收益用于指定的社会公益事业的基金，如福利基金、科技发展基金、教育发展基金、文学奖励基金等。我国有关政策规定，各种社会公益基金可用于证券投资，以求保值增值。

第三节 中介和服务机构

资本市场的中介机构主要包括投资银行、会计师事务所、律师事务所、投资顾问咨询公司、证券评级机构等。

一、投资银行（证券公司）

投资银行在资本市场中具有十分重要的地位，它既是市场重要的机构投资者，同时也是各种证券发行的主要中介机构，是证券市场重要的"润滑剂"。投资银行在各国的称谓不尽相同，美国称为投资银行，英国称为商人银行。日本称为证券公司，我国也称为证券公司。

目前我国证券公司所从事的业务职能主要有：证券经纪业务、证券投资咨询业务、与证券交易、证券投资活动有关的财务顾问业务、证券承销和保荐业务、证券自营业务、证券资产管理业务及其他证券业务。

投资银行对国民经济和区域经济增长发挥着重要作用。

首先，投资银行作为资本市场的重要参与者，它运用丰富的专业知识和经验帮助投资者投资于某种产业或某个企业，以保证资金的安全与增值，同时利用自身的信誉与品牌协助筹资者筹措大量的资金。投资银行在投资者与筹资者之间中介起到了桥梁的作用。

其次，投资银行在中长期资本运营中扮演着重要角色。投资银行为企业发行股票和中长期债券，并充当财务顾问，为企业的并购活动和中长期发展战略提供各种中介服务。

此外，投资银行业务的不断拓展和深入，还将有力促进各种金融工具的创新，对资本市场和国民经济的繁荣起到举足轻重的作用。

二、会计师事务所

在资本市场中，会计师事务所是站在社会公正的立场上，对有关公司的资本到位、财务状况、资产状况、盈利状况等进行验资审计，出具有关的报告，对投资者、企业以及整个资本市场产生重要的影响。

发达国家的会计师事务所一般实施合伙制，主要通过无限责任制度的约束，促使各注册会计师做到真正为投资者、受托人、社会公众的利益进行独立、公正的服务。为了规范国内资本市场的发展，我国1993年起也建立了针对从事证券业务的会计师事务所和注册会计师的资格确认制度。

会计师事务所的业务活动范围包括以下五点。

（1）各类企业注册登记时的资本金验收。

（2）公司运行过程之中的财务顾问、财务调整、财务审计。

（3）公司发行股票、债券前的资产评估、财务审计、财务资信评价、财务咨询等。

（4）公司资产证券化过程中的财务运作策划。

（5）企业并购活动中的财务分析、财务安排等。

三、律师事务所

资本市场中的大量业务活动都涉及法律事务。律师事务所依据有关的法律法规，站在公正的立场对有关契约文件、公司发行证券的有关文件是否完整和合法、公司行为是否合法、证券公司行为是否合法等提供法律服务。因此，律师事务所的工作直接关系到投资者、公司和社会公众的利益，是资本市场的重要参与者。

在发达国家，律师事务所一般实施合伙制度，主要目的是通过无限责任制的约束，来有效促使律师为投资者、受托人和社会公众的利益而独立、公正地履行自己的职责。为了规范资本市场的发展，1993年我国律师事务所逐渐转变为合伙制度，同时国家建立了对从事证券业务的律师事务所和律师的资格进行专门性确认的制度。

律师事务所和律师的主要业务范围包括以下六点。

（1）在公司进行注册登记时协助公司制作或审定有关文件的合法性，并使之合法化。

（2）在公司运作过程中，协助公司制作或审定有关契约文件的合法性，并使之合法化。

（3）在公司发行证券时，协助公司制作或审定有关文件的合法性，检查公司行为的合法性，并出具法律意见书。

（4）在企业进行并购或重组或资产证券化过程中，协助公司进行有关活动的策划，制作并审定有关文件的合法性，检查公司行为的规范合法性。

（5）担任企业的法律顾问，向公司提供法律意见和其他服务。

（6）提供法律咨询意见，帮助培训有关法律工作人员。

四、投资顾问咨询公司

投资顾问咨询公司是指为市场投资者提供咨询服务、接受投资委托、代理投资者管理资产的中介机构，是证券投资的职业性指导者。投资顾问咨询公司根据客户的要求，把咨询分析建立在科学分析和现代的技术分析基础之上，通过对大量的信息资料进行加工处理，向投资者提供分析报告和投资建议，帮助客户建立有效的投资决策。

投资顾问咨询公司为投资者提供各种专业化的咨询服务，有助于投资者在资金运用和投资渠道等方面进行合理选择，降低投资风险，提高投资收益，最终促使投资者积极参与投资活动，形成和完善资本市场的功能，改善资本市场的投资结构。

在我国，投资顾问咨询公司的主要业务范围包括以下五点。

（1）接受政府、证券管理机关、有关业务部门和境外机构的委托，提供宏观经济和证券市场方面的研究分析报告和对策咨询建议。

（2）接受境内外投资者的委托，提供投资分析、市场法规等方面的业务咨询服务。

（3）接受公司委托，策划公司的证券发行与上市方案。

（4）接受证券经营机构的委托，策划有关的重组事务方案，担任财务顾问。

（5）编辑出版资本市场方面的资料、刊物和书籍等。

五、证券评级机构

证券评级机构是指运用一系列科学的方法对企业或证券的信用等级进行评

估的社会公正组织。它是一个中立性企业法人，独立、超脱于证券市场管理者、发行者和投资者之外，以保证其客观性、公正性、独立性、科学性和权威性。证券评级机构一般为独立的、非官方的机构，大多是私人企业，通常必须对自己的信誉负责。

证券评级机构的业务范围通常包括：债券信用评级、企业信用评级和金融机构（包括保险企业）信用评级。在发达国家的资本市场中，除了中央政府所发行的债券之外，各种有价证券的发行都需要经过专门的证券信用评级机构予以评价。

证券评级公司揭示证券风险大小的作用具体体现在以下四个方面。

（1）证券承销商可以依据证券信用级别来决定发行价格、发行方式、承销费用及采取的促销手段等。

（2）自营商可以根据各种证券的信用等级来评判其风险的大小，调整资产组合，进行有效的风险管理。

（3）证券经纪人在从事信用交易时对不同信用等级的证券给出不同的证券代用率。

（4）投资者根据证券信用等级状况来决定买卖多少数量的证券。

必须指出的是，证券评级机构对其评定的结果只负道义上的责任，不负有法律上的责任。证券评级机构只评价证券的发行质量、筹资者的资信、投资者承担的风险，以帮助投资者在比较分析的基础上做出投资决策，而不具有向投资者推荐这些债券的含义，最终的投资选择仍然由投资者自己决定。对于债券筹资者来说，若对信用评级结果不满意，可以要求重新评定或不予公开发表，评级机构对筹资者所提供的资料负有绝对保密责任。

第三章　市场体系和主要交易品种

第一节　多层次资本市场体系

一、多层次资本市场概述

在资本市场上，不同的投资者与融资者都有不同的规模大小与主体特征，存在着对资本市场金融服务的不同需求。投资者与融资者对投融资金融服务的多样化需求决定了资本市场应该是一个多层次的市场体系。

多层次资本市场体系是指针对质量、规模、风险程度不同的企业，为满足多样化市场主体的资本要求而建立起来的分层次的市场体系，如图 3.1 所示。具体来说包括以下四个方面。

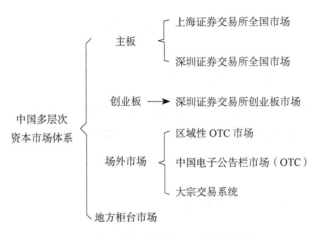

图 3.1 我国多层次资本市场的基本框架

（一）主板市场

由上海证券交易所（以下简称"上交所"）和深圳证券交易所（以下简称"深交所"）全国市场构成，是主要为比较成熟的企业提供股权融资的全国性市场蓝筹股市场。上海证券交易所采取纽约证券交易所的模式，而深圳证券交易所参照美国纳斯达克的市场结构，细分为三个层次：全国市场蓝筹股市场、创业板市场和电子公告栏市场代办股份转让系统。

（二）二板市场

二板市场由深圳证券交易所创业板市场构成，又称为创业板市场。与主板市场相对应，在主板之外专为处于幼稚阶段中后期和产业化阶段初期的中小企业及高科技企业提供资金融通的股票市场，此市场还可解决这些企业的资产价值（包括知识产权）评价、风险分散和创业投资的股权交易问题。

二板市场上市标准较低，但由于市场风险高，因此执行的监管制度较为严格。

上市实行保荐人制度，在创业板市场上市，需要聘请具有保荐资格的机构担任保荐人。其信息披露更为全面，不仅要满足高层次市场要求，同时还要披露活跃业务活动及业务目标，披露频率加大，要求上市公司提供季报。

2018 年 11 月 5 日，首届中国国际进口博览会上，我国政府宣布将在上海证券交易所设立科创板并试点注册制，支持上海国际金融中心和科技创新中心建设，不断完善资本市场基础制度。

（三）三板市场（场外市场）

由电子公告栏、大宗交易系统和区域性市场构成，上市标准更低。电子公告栏是为未能在交易所市场上市的公司股票提供报价和交易的场所。区域性市场，主要交易地方性企业的证券。

场外市场以连续竞价为主，对交易清淡的股票采用做市商制度。上市标准较低，程序简单，只要企业的财务报表健全就可以申请上市，但财务报表及申请文件须经会计师、律师审定签名。企业信息披露要求全面、迅速，而市场主要对做市商进行监管。

大宗交易系统是在证券交易所之外进行交易所上市证券的买卖的证券流通市场，主要面向的是机构投资者和非证券交易所会员的证券经纪商。它通过电脑通信网络把会员连接起来，利用该网络报价寻找买方和卖方，佣金通常比在交易所交易便宜。

（四）地方柜台市场

地方性柜台市场是面向地方性企业或产权，主要通过经纪人进行交易。

二、建立多层次资本市场的意义

（一）有利于满足资本市场上资金供求双方的多层次化的要求

从资金供给方来说，由于风险偏好的不同，投资者也是具有不同层次的。风险爱好者愿意投资高风险高回报的股票；风险中立者会选择购买风险程度适中，预期报酬也非最高的股票；风险规避者则可能去购买国债。若仅有单一层次的主板市场，该市场对公司上市和交易的风险标准是统一的，从制度上无法为不同风险偏好者提供足够多种类的投资品种和交易场所。

从资金需求方来说，处于不同发展阶段的不同规模的、不同风险状况的企业对股权融资的需求不尽相同。对于大规模、稳健型、成熟性强的公司，由于其发展历史相对较长、业绩稳定、经营稳健，可能吸引大批投资者来购买它的股票；但对于中小企业，特别是处于创业阶段的中小型科技企业，由于其规模小、产品不够成熟、风险性大，通过主板市场进行融资是不现实的。

（二）有利于提供优化准入机制和退市机制，提高上市公司的质量

从非证券资本市场到证券资本市场，从场外市场到创业板市场、主板市场，入市标准逐步严格，企业素质也呈阶梯式上升，这实际上提供了一个市场筛选机制。一方面，在下一级市场挂牌交易的企业经过培育，将会有优秀企业脱颖而出，从而进入上一级市场交易；另一方面，对于长期经营不善，已不符合某一层次挂牌标准的企业，则通过退出机制，使其退出到下一级市场交易。这样形成一种优胜劣汰机制，既有利于保证挂牌公司的质量与其所在市场层次相对应，又能促进上市公司努力改善经营管理水平，提高上市公司质量。

（三）有利于防范和化解我国的金融风险

直接融资有利于分散融资风险，能有效地避免风险向金融系统集中，从而降低金融系统性风险。从国外经验看，在间接融资为主的金融体系中，一旦经济实体发生严重问题，就会导致大量银行坏账，金融体系的脆弱性往往将经济拖入长期不振的境地。当前，中国的融资结构仍以间接融资为主，直接融资比例还较低。资料显示，我国股市融资占总融资额的比重已由 2001 年的 7.5% 降至 2003 年上半年的 1.6%。与此同时，银行贷款所占比例却由 75.4% 一路上升至 89.5%。因此，多层次的资本市场通过改善上市公司质量、满足多元化的投资需求，吸引资金进入资本市场，扩大直接融资额度，从而降低金融风险。而且随着多层次资本市场体系规模的扩大，直接融资比重的提高，会逐步形成风险程度存在明显差异的子市场，风险承担主体呈现多元化，有利于实现金融市场的稳定，分散和化解金融风险。

第二节　股票市场

股票市场是已经发行的股票转让、买卖和流通的场所，包括交易所市场和场外交易市场两大类别。由于它是建立在发行市场基础上的，因此又称作二级市场。股票市场的结构和交易活动比发行市场（一级市场）更为复杂，其作用和影响力也更大。从广义上说，股票市场≈资本市场。

股票市场的前身起源于 1602 年荷兰人在阿姆斯特河大桥上进行荷属东印度公司股票的买卖，而正规的股票市场最早出现在美国。股票市场是投机者和投资者双双活跃的地方，是一个国家或地区经济和金融活动的寒暑表，股票市场的不良现象如无货沽空等，可以导致股灾等各种危害的产生。股票市场唯一不变的就是时时刻刻都是变化的。

中国有上交所和深交所两个交易市场。

一、股本、股份和股权

（一）股本的概念和特点

股本是股份经济中特有的概念。它反映的是股份有限公司（简称"股份公司"）通过发行股票或股东直接认股方式所筹集到的资本。在各国《公司法》中，股份公司的股本与资本属于同一概念，其数额也相等。因此可以简单地说，股本就是股份公司的资本。

股本与一般意义上所说的"资本"不同。这主要表现在以下五个方面：第一，股本是由多个股东共同投资于股份公司并认购公司股份所形成的，因此，它的所有者是多元化的；而一般资本的所有者可以是单个人。第二，股本是通过购股或认购方式形成的，而一般资本则是通过个人（或机构）直接投资（甚至借贷关系）等方式形成的。第三，股本的经营使用应接受多元股东的监督，股东大会是股份公司的最高权力机构；而一般资本的经营使用几乎由投资者个人（或机构）的意志支配。第四，股本的运作收益要进行比较复杂的利益分配，而一般资本的运作收益分配过程往往比较简单。第五，股本只存在于有限责任公司和股份公司中，而一般资本在其他的企业组织方式中也可存在。

股本是股份公司资金的基础性构成部分。也就是说：第一，股本是股份公司各种资金中的基础部分。股份公司的其他资金都是建立在股本基础上的，没有股本，就意味着股份公司无力承担任何负债，因此，股本数额的大小，直接关系着股份公司可能引入的债务性资金的规模，也就决定着公司可能的运营规模。第二，在股份公司中，股本是资金的重要组成部分，但不是其全部资金，在股份公司的资金总额中，既包括股本性资金，又包括债务性资金。第三，股本是股份公司的基本资金。与银行借款、公司债券、商业往来等获得的资金相比，股本只需付息而无须还本。第四，股本是股份公司得以建立的基础性资金，股本是股东投资于股份公司的资金。第五，股本是股份公司进行财务核算的基础，股份公司经营运作中的各项成本、收入和利润最终都将落实到股本上。

（二）股份的概念和特点

股份代表对公司的部分拥有权，分为普通股、优先股、未完全兑付的股权。

股份一般有以下三层含义：

（1）股份是股份有限公司资本的构成成分。

（2）股份代表了股份有限公司股东的权利与义务。

（3）股份可以通过股票价格的形式表现其价值。

股份具有以下特点：

（1）股份的金额性，股份有限公司的资本划分为股份，每一股的金额相等，即股份是一定价值的反映，并可以用货币加以度量。

（2）股份的平等性，即同种类的每一股份应当具有同等权利。

（3）股份的不可分性，即股份是公司资本最基本的构成单位，每个股份不可再分。

（4）股份的可转让性，即股东持有的股份可以依法转让。

如《公司法》第一百四十二条规定，公司董事、监事、高级管理人员应当向公司申报所持有的本公司的股份及其变动情况，在任职期间每年转让的股份不得超过其所持有本公司股份总数的 25%；所持本公司股份自公司股票上市交易之日起一年内不得转让。公司董事、监事、高级管理人员离职后半年内，不得转让其所持有的本公司股份。此外，《公司法》允许公司章程可以对公司董事、监事、高级管理人员转让其所持有的本公司股份做出其他限制性规定。股份的分派是指公司根据发起人和（或）其他股份认购人认购股份的情况，将股份按照一定分派方法分配给认购人。如果认购的总额超过发行的总额，还应根据一定的原则确定分派的方式。缴付股款和股份分派是同一活动的两个方面。在股份分派以后，应当将股东的姓名或名称记载在股东名册上。

（三）股权的概念和特点

股权是指投资人由于向公民合伙和向企业法人投资而享有的权利。

股权的主要内容包括：第一，参加股东大会并就相关决议事项行使表决权；第二，参加股份公司的收益分配；第三，在股份公司解散时，分取公司的剩余资产；第四，随时监察股份公司的董事会、监事会和股东大会的会议记录，查阅股份公司的资产负债表、利润表和现金流量表及其他财务资料；第五，就股份公司的经营运作情况，向公司高管人员及有关人员进行咨询；第六，一般可以自主决定股份的出售与买入。

股权具有以下特点：

（1）股权同时具有非财产性和财产性；

（2）股权具有可分割性；

（3）股权可以双重取得；

（4）股权取得体现有限责任公司"人合性"特点。

二、股票市场

股票是一种有价证券，是股份公司在筹集资本时向出资人发行的股份凭证，代表着其持有者（即股东）对股份公司的所有权，购买股票也是购买企业生意的一部分，即可以和企业共同成长发展。

（一）股票的性质

从法律的角度看，股票具有如下性质。

股票是一种有价证券。持有有价证券，既表示拥有一定价值量的财产，又表明有价证券持有人可以行使该证券所代表的权利。

股票是一种要式证券。股票的内容应完整真实，必要事项一般通过法律形式加以规定。股票应当载明下列主要事项：① 公司名称；② 公司成立日期；③ 股票种类、票面金额及代表的股份数；④ 股票的编号。

股票是一种证权证券。证券可分为设权证券和证权证券。设权证券，是指证券所代表的权利本来不存在，它随着证券的发行交易而产生，即权利的发生是在证券的制作和发行之后。证权证券，是已经存在的法定权利的证明凭证。股票代表的是股东权利，只不过是把已经存在的股东权利以证券的形式表现出来，因此，股票属于证权证券的范畴。

股票是一种资本权利证券。股票的持有者是对应股份公司的股东，股东依法享有公司议决权、获取收益权等。

作为资本性金融工具，股票具有以下五个特点。

1. 不可偿还性

股票是一种无偿还期限的有价证券，投资者认购了股票后，就不能再要求退股，只能到二级市场卖给第三者。股票的转让只意味着公司股东的改变，并不减少公司资本。从期限上看，只要公司存在，它所发行的股票就存在，股票的期限等于公司存续的期限。

2. 参与性

股东有权出席股东大会，选举公司董事会，参与公司重大决策。股票持有者的投资意志和享有的经济利益，通常是通过行使股东参与权来实现的。股东参与公司决策的权利大小，取决于其所持有的股份的多少。从实践中看，只要股东持有的股票数量达到了左右决策结果所需的实际数量，就能掌握公司的决策控制权。

3. 收益性

股东凭其持有的股票，有权从公司领取股息或红利，获取投资的收益。股息或红利的多少，主要取决于公司的盈利水平和公司的盈利分配政策。股票的收益性，还表现在股票投资者可以获得价差收入或实现资产保值增值。通过低价买入和高价卖出股票，投资者可以赚取价差利润。以美国可口可乐公司股票为例，如果在 1984 年年底投资 1000 美元买入该公司股票，到 1994 年 7 月便能以 11654 美元的市场价格卖出，赚取 10 倍多的利润。在通货膨胀时，股票价格会随着公司原有资产重置价格上升而上涨，从而避免了资产贬值。股票通常被视为在高通货膨胀期间可优先选择的投资对象。

4. 流通性

股票的流通性是指股票在不同投资者之间的可交易性。流通性通常以可流通的股票数量、股票成交量以及股价对交易量的敏感程度来衡量。可流通股数越多，成交量越大，价格对成交量越不敏感（价格不会随着成交量一同变化），股票的流通性就越好，反之就越差。股票的流通，使投资者可以在市场上卖出所持有的股票，取得现金。通过股票的流通和股价的变动，可以看出人们对于相关行业和上市公司的发展前景和盈利潜力的判断。那些在流通市场上吸引大量投资者、股价不断上涨的行业和公司，可以通过增发股票、不断吸收大量资本进入生产经营活动，达到优化资源配置的效果。

5. 价格波动性和风险性

股票在交易市场上作为交易对象，同商品一样，有自己的市场行情和市场价格。由于股票价格要受到诸如公司经营状况、供求关系、银行利率、大众心理等多种因素的影响，其波动有很大的不确定性。正是这种不确定性，有可能使股票投资者遭受损失。价格波动的不确定性越大，投资风险也越大。因此，股票是一种高风险的金融产品。例如，称雄于世界计算机产业的国际商用机器公司，当其业绩不凡时，每股价格曾高达170美元，但在其地位遭到挑战，出现经营失策而招致亏损时，股价又下跌到40美元。如果不合时机地在高价位买进该股，就会导致严重损失。

除此之外，股票还具有可质押性、可赠送性、可继承性等特点。

（二）股票价值

股票，不论是作为投资者投资入股的凭证，还是作为一种金融工具，都有能够用货币予以计量的价值。股票的价值常常与其价格相关联。股票的价值主要有以下五种。

1. 票面价值

票面价值，简称面值，是指在股票票面上标明的金额。它具有三重意义：其一，它是确定股东持有的公司股份数量、享有股东权益的法定依据；其二，它是确定股东向公司投入的真实资本数量的法定依据；其三，它是确定股份有限公司资本总量的法定依据。

2. 账面价值

账面价值，又称股票净值或每股净资产，是每股股票所代表的实际资产的价值。账面价值越高，说明每股股票所代表的实际资产数量越大。在净资产盈利水平不变的条件下，账面价值越高，股票收益越高，从而就越具备投资价值。

3. 股票内在价值

股票内在价值，是指公司未来收入的现值，它决定了股票的市场价格。公司的未来收入越高，则股票的内在价值越高，反之则越低。股票内在价值的重要意义在于：第一，合理判断股票内在价值，是监管部门正确把握市场走势、防范股市风险的重要前提；第二，合理判断股票内在价值，是投资者选择购股时机、确定售股取向从而保障投资成功的重要条件；第三，合理判断股票内在价值，是企业合理判断公司价值、展开并购活动的重要依据。

4. 股票市场价值

股票市场价值，又称股票市场价格，是指股票在股票市场上进行买卖时的价格，它包括发行市场价格、交易市场价格等。在现实中，人们使用"市场价值"的概念时，大多指的是股票的交易市场价格。

5. 股票清算价值

股票清算价值，又称清算价格，是指在股份公司终止运营并清算后其股票具有的价值。股票清算价值常常与账面价值和市场价值差距很大。

（三）股票种类

根据不同的划分标准，股票可分为不同的类别。例如，根据股东权益的不同，股票可分为普通股和优先股；根据票面是否记载股东姓名，股票可分为记名股与无记名股；根据票面是否有金额，股票可分为面额股与无面额股；根据发行时间的先后，股票可分为老股与新股；根据载体的不同，股票可分为有纸化股票和无纸化股票；根据其他标准，股票还可分为库存股、流通股、授权股。

中国目前发行的股票均为记名式普通股。但受体制机制制约，中国股票的分类有自己的特点，主要有三种情形。

1. 根据持有人身份的不同，可将股票分为国家股、法人股、个人股和外资股

国家股，是指有权代表国家进行投资的部门或机构以国有资产向股份公司投资并由这些部门或机构持有的股份，其中包括国有企业在改制为股份公司过程中以其存量国有资产折算的股份。

法人股，是指由公司法人或具有法人资格的事业单位和社会团体以其依法拥有的资产向股份公司投资并由其持有的股份。按照法人股的特征，又可将法人股进一步分为境内发起法人股、外资法人股和募集法人股。

个人股，是指由中国境内的社会个人和股份公司内部职工个人以其合法财产投资购股并有个人持有的普通股。

外资股，是指国内公司发行的由中国香港、澳门、台湾地区和外国投资者用外币购买的以人民币标明面值的记名式普通股。

2. 根据发行和上市地区的不同，可将股票分为 A 股、B 股、H 股、N 股和 S 股

A 股的正式名称是人民币普通股股票，是由中国境内发行、供境内投资者（以身份证为准）用人民币认购和交易的记名式普通股股票。人民币特种股票，是指在中国境内公司发行由境外投资者用外币购买并在境内或境外证券交易所上市交易的以人民币标明面值的记名式普通股股票。根据股票上市地区的不同，

人民币特种股票又分为 B 股、H 股和 N 股等。

B 股，是以人民币标明面值，以外币认购和交易，在境内（上海和深圳）证券交易所上市交易的记名式普通股股票。

H 股，是指由中国境内公司在境外发行由境外投资者用外币购买并在中国香港证券联合交易所上市交易的以人民币标明面值的记名式普通股股票。

N 股，是指由中国境内公司在中国境外发行由境外投资者用外币购买并在美国纽约证券交易所或美国的其他证券交易所上市交易的以人民币标明面值的记名式普通股股票。

S 股，是指由中国境内公司在境外发行由境外投资者用外币购买并在新加坡证券交易所上市交易的以人民币标明面值的记名式普通股股票。

3. 根据是否进入交易市场，将股票分为流通股和不流通股

流通股，是指可进入交易市场公开交易的股票，如在上海和深圳证券交易所交易的股票；不流通股，是指不可进入交易市场公开交易的股票，如中国《公司法》规定，"发起人持有的本公司股份，自公司成立之日起 1 年内不得转让"，这些股票在规定的期限内属于不流通股。

（四）股票发行上市过程

股票发行是指符合条件的发行人以筹资或实施股利分配为目的，按照法定的程序，向投资者或原股东发行股份或无偿提供股份的行为。股票发行上市的流程见以下十一点。

1. 设立股份有限公司

我国的法律法规规定发行股票的企业必须是股份有限公司，因此企业要想发行股票必须首先设立股份有限公司。

2. 聘请中介机构

主要是聘请有证券从业资格的会计师事务所、律师事务所和有主承销商资格的证券公司。会计师事务所负责出具审计报告，律师事务所出具法律意见书，证券公司负责对拟上市企业发行股票的辅导和推荐工作，辅导期为1年。辅导内容主要包括以下九个方面。

（1）股份有限公司设立及其历次演变的合法性、有效性。

（2）股份有限公司人事、财务、资产及供、产、销系统的独立完整性。

（3）对公司董事、监事、高级管理人员及持有5%以上（含5%）股份的股东（或其法人代表）进行《公司法》《中华人民共和国证券法》（以下简称《证券法》）等有关法律法规的培训。

（4）建立健全股东大会、董事会、监事会等组织机构，并实现规范运行。

（5）依照股份公司会计制度建立健全公司财务会计制度。

（6）建立健全公司决策制度和内部控制制度，实现有效运作。

（7）建立健全符合上市公司要求的信息披露制度。

（8）规范股份公司和控股股东及其他关联方的关系。

（9）公司董事、监事、高级管理人员及持有5%以上（含5%）股份的股东持股变动情况是否合规。

辅导期满6个月应在当地省级日报上公告，如公司所在地不在省会城市，除在省级日报公告外，还需在公司所在市、县日报上公告。

在辅导期间，主承销商应对拟发行股票的企业的董事、监事和高级管理人员进行《公司法》《证券法》等法律法规的考试。

3. 向中国证监会派出机构报送材料

中国证监会派出机构负责辖区内拟上市企业辅导工作的监督管理。

辅导工作开始前 10 个工作日内，辅导机构应当向派出机构提交下列材料：

（1）辅导机构及辅导人员的资格证明文件（复印件）；

（2）辅导协议；

（3）辅导计划；

（4）拟发行公司基本情况资料表；

（5）最近两年经审计的财务报告（资产负债表、损益表、现金流量表等）。

辅导期间，中国证监会派出机构可根据辅导报告所发现的问题对辅导情况进行抽查。

4. 改制辅导调查

辅导机构对拟上市公司进行辅导的期限满 1 年后，经辅导机构申请，中国证监会派出机构对拟上市公司的改制、运行情况及辅导内容、辅导效果进行评估和调查，并出具调查报告。辅导有效期为 3 年。即辅导期满后 3 年内，拟发行公司可以由主承销机构提出股票发行上市申请；超过 3 年，则须重新聘请辅导机构进行辅导。

5. 报送申请股票发行文件

拟上市公司和所聘请的证券中介机构，按照中国证监会颁布的《公司公开发行股票申请文件标准格式》制作申请文件，由主承销商推荐向中国证监会申报。中国证监会收到申请文件后在 5 个工作日内做出是否受理的决定。

6. 初审

中国证监会受理申请文件后，对发行人申请文件的合规性进行初审，并在 30 日内将初审意见函告发行人及其主承销商。

主承销商自收到初审意见之日起 10 日内将补充完善的申请文件报至中国证监会。中国证监会在初审过程中，一方面征求省级人民政府或国务院有关部门的意见；另一方面将就发行人投资项目是否符合国家产业政策征求原国家发展计划委员会和原国家经济贸易委员会意见，"两委"自收到文件后在 15 个工作日内，将有关意见函告中国证监会。

7. 发行审核委员会审核

中国证监会对按初审意见补充完善的申请文件进一步审核，并在受理申请文件后 60 日内，将初审报告和申请文件提交发行审核委员会审核。

发行审核委员会按照国务院批准的工作程序开展审核工作。委员会进行充分讨论后，以投票方式对股票发行申请进行表决，提出审核意见。

8. 核准发行

据发行审核委员会的审核意见，中国证监会对发行人的发行申请做出核准或不予核准的决定。予以核准的，出具核准公开发行的文件；不予核准的，出具书面意见，说明不予核准的理由。

9. 复议

发行申请未被核准的企业，接到中国证监会书面决定之日起 60 日内，可提出复议申请。中国证监会收到复议申请后 60 日内，对复议申请做出决定。

10. 发行股票

发行人在获得中国证监会核准其公开发行股票的文件以后，就可以按照核准的发行方案发行股票。

11. 上市交易

股份有限公司发行股票后，申请其股票上市交易，必须报经国务院证券监督管理机构核准。国务院证券监督管理机构可以授权证券交易所依照法定条件和法定程序核准股票上市申请。股票上市交易申请经国务院证券监督管理机构核准后，其发行人应向证券交易所提供核准文件及有关文件。证券交易所自接到该股票发行人提交的文件之日起，在 6 个月内，安排该股票上市交易。

（五）股票发行方式

股份公司发行股票主要有六种情形。

第一，发起设立发行，即股份公司的发起人通过发起并认购公司拟发行的全部股份而设立股份公司。

第二，募集设立发行，即股份公司在原独资公司或有限责任公司基础上进行股份制的改革，通过对原公司资产进行评估拆股，向社会公众发行一定数量的股份，形成股份有限公司的资本总量。

第三，存量转让发行，即股份公司在原独资公司或有限责任公司基础上进行股份制的改革，通过对原公司资产进行评估拆股，将一部分股份以转让的方式向社会公众投资者转让，在公司资本结构发生变化后，设立股份有限公司。

第四，送股发行，即在公司股利分配中，不以现金形式派发股息，而以股票方式派发股息，这是使股份公司资本数量增加的一种重要方式。

第五，配股发行，即股份公司按原有股份的一定比例配给原股东购买公司股票的优先认股权，由于配股价格通常低于股票交易价格，所以，股东一般乐于认购公司新发行的股票。

第六，增发股份，即股份公司设立后，在其经营运作过程中通过增发股份来增加资本性资金。增发股份又分为公开增发和定向增发两种，其中，公开增发是指股份公司向社会公众公开发行新增股票的方式，定向增发是指股份公司向特定的投资者增发股票的方式。

（六）股票发行价格

股票发行价格，是指公司在发行市场上出售股票时所采用的价格。股票按票面金额发行，称为面值发行；按超过票面的金额发行，称为溢价发行。各国和地区的《公司法》规定，股票不得低于面值发行。

1. 股票发行价格的决定因素

股份公司发行股票，选择何种价格，取决于一系列因素，其中主要有以下八个方面。

（1）公司的每股净资产。股份公司发行股票，原则上，股票价格不得低于已有股份的每股净资产，否则会侵犯原有股东的利益。

（2）公司的盈利水平。税后利润综合反映了一个公司的经营能力和获利水平，在总股本和市盈率一定的前提下，税后利润越高，发行价格也越高，反之则反是。

（3）股票交易市场态势。股票交易价格直接影响发行价格。一般来说，在股指上扬、交易活跃的条件下，受交易价格上升的影响，股票价格高些；投资者也能够接受；反之则反是。

（4）本次股票的发行数量。股票发行受到购股资金数量的严格制约。一次发行股票的数量较大，在确定的时间内，受资金供给量的限制，若发行价格过高，将面临发股失败的风险，因此，一般采取低价策略；一次发行股票的数量较少，受资金供求关系影响，发行价格可能提高。

（5）公司所处的行业特点。不同的公司处于不同的产业部门中，各产业部门受技术进步速度、产品成熟状况、市场竞争程度、政府政策支持等因素影响，有不同的增长态势和发展前景。高科技、高效农业、新型材料、基础设施和公用事业等产业部门，具有技术进步快、国际竞争能力较强、市场前景较好、得到政策支持等特点，处于这些产业中的公司，发展前景较好，股票的发行价格可能高些；而一些技术进步缓慢、产品难以创新、国际竞争力较弱、市场已经饱和或供过于求的传统产业，其增长和发展的后劲相对有限，处于这些产业中的公司，股票发行价格通常较低。

（6）公司所处地区的特点。一般来说，经济较发达地区的居民有较强的投资意识和投资热情，经济增长的社会环境较好，处于这些地区的公司，其股票发行价格可能高一些；而经济较不发达地区的居民投资意识和投资热情相对较弱些，经济增长的社会环境相对差一些，处于这些地区的公司，其股票发行价格可能低一些。

（7）公司的知名度。公司知名度，对吸引投资者的投资购股有重要意义。一般来说，知名度高的公司，股票发行价格较高，反之则可能较低。

（8）公司的历史表现。其中包括：股份公司在发展历史中是否有过违法行为，是否受到过媒体的道德谴责，是否发生过经营业绩在年度之间的大幅度变动，是否有过侵犯他人知识产权的现象，是否有过侵害消费者权益的现象等。

2. 股票发行价格的估算方法

（1）比较估值法。比较估值法，是通过与同一（或相近）产业和入市公司的经营水平、财务状况、技术进步、市场特点和发展走向等因素进行比较，由此估算发股公司价值并估算其发股价格的方法。它的内在机理是，投资者对未来获利预期相同的资产价值会支付相同的价格。

（2）现金流贴现法。现金流贴现法是以公司价值理论为基础。其内在机理是，股票价值是由公司价值决定的，而公司价值又是由公司未来的现金流决定的，因此，运用对公司未来现金流量进行贴现的方法，就可将公司未来的现金流量转化为公司的当前价值。这一方法尤其适用于那些产业定位明确、主营业务突出、具有持续经营能力从而未来现金流比较平稳的公司。

（3）市场竞价法。市场竞价法，是指通过市场竞价来确定股票的发行价格。在实行市场竞价法的场合中，股票发行前会先确定一个底价，投资者在规定时间内以不低于发行底价的价格进行申购；申购期满后，由证券交易所的交易系统将所有的有效申购按照价格优先、同价位申报者时间优先的原则，将投资者的申购单由高价位到低价位排队，并累计有效认购数量；当累计数量恰好达到或超过该次发行股票的数量时，最后一笔申购价格即为本次股票的发行价格。

三、股票交易

（一）股票交易市场

股票交易市场，又称股票流通市场，是指由交易已发行的股票形成的各种市场的总和。在多层次资本市场体系中，多层次股票市场是由多层次股票交易市场决定的，因此有多少层次的交易市场，就有多少层次的股票市场。股票交易市场在结构上大致可以分为以下四类。

1. 二级市场

二级市场，又称场内交易市场，是指在证券交易所内展开的股票交易活动及关系。目前，中国的二级市场是指上海证券交易所和深圳证券交易所内的市场。

2. 场外交易市场

场外交易市场，又称柜台市场或者店头市场，是指投资者、股东和证券经纪商在证券交易所之外展开的买卖非上市股票的活动及关系。

3. 三级市场

三级市场，又称第三市场，是指由上市股票在场外交易形成的市场。与二级市场相比，三级市场使得投资者和股东在股票的交易中更为自由、交易成本相对较低。

4. 四级市场

四级市场，又称第四市场，是指由机构投资者和股东直接进行股票买卖形成的市场。

（二）股票交易方式

1. 股票现货

股票的现货交易是指股票的买卖双方达成交易以后立即进行交割和清算的交易方式。现货交易的交割时间一般为交易当天，也可以按照当地股票交易市场的习惯进行。例如，美国纽约证券交易所的交割时间为成交后第 5 个营业日，东京股票交易所的交割时间则是成交后的第 4 个营业日。

2. 股票期货

股票的期货交易与现货交易不同，股票的期货交易是指股票的买卖双方成交以后，按照契约所规定的价格在未来某一时间内进行交割和清算。在期货交易中，买卖双方签订合约后不用付款也不用交付证券，只有到了规定的交割日买方才交付货款，卖方才交出证券。结算时是按照买卖契约签订时的股票价格计算的，而不是按照交割时的价格计算。

期货交易根据合同清算方式的不同又可分为两种：一种是在合同到期时，买方须交付现款，卖方则须交出现货（即合同规定的股票）；另外一种是在合同到期时，双方都可以做相反方向的交易来冲抵清算，最终仅仅交付两笔交易的差价。第一种方法通常称作期货交割交易，第二种方法通常称作差价结算交易。

投资者进行期货交易的目的有两种情形：投机和保值。在第一种情形下，如果一个投资者预期某种股票的价格将上升，就可以通过期货交易锁定购买价格（多头交易），以便到期在现货市场上以高价卖出，谋取价差；如果投资者预期某种股票价格将下跌，则可以通过期货交易锁定卖出价格（空头交易），以便到期以较低的现货价格购入股票。在第二种情形下，交易者以安全为目的，通过期货交易来避免股票价格变动的风险。

3. 信用交易

信用交易是指证券公司或金融机构提供信用，使投资人可以从事买空、卖空的一种交易制度。在这种方式下，投资者不使用自己的资金，而是通过交付保证金的形式得到证券公司或金融机构的信用（即由证券公司或金融机构垫付资金）进行的买卖的交易，也称作垫头交易或保证金交易。各国因法律不同，保证金数量也不同，大都在30%左右。信用交易风险较大，只有信誉良好的投资者才能开立保证金账户。在交易的过程中，投资者利用保证金购买的股票全部用于抵押，客户还要向经纪人支付垫款利息。信用交易对投资者而言具有较大的杠杆作用，使投资者可以拥有以较少本金获取较大利润的机会。

4. 股票期权

股票期权交易是指期权交易的买方与卖方经过协商之后以支付一定的期权费为代价，取得一种在一定期限内按协定价格购买或出售一定数额股票的权利，超过期限则合约义务自动解除。期权费（Premium）是期权购买者向售出者支付的一笔费用，即期权合约的价格。期权有两种：一种是看涨期权，即投资者按照协议价格购买一定数量的某种股票的权利；另一种是看跌期权，即投资者可以以协议价格卖出一定数量的某种股票的权利。

期权具有可放弃的特征，当期权的标的资产（期权所指向的股票）朝向不利的方向变动时，投资者可以选择不执行该期权，这时便不用承担资产价格变动造成的损失，而仅需损失期权费。例如，当一个投资者以55欧元的执行价格购买了基于大众汽车公司股票的某欧式期权，到期日为4月21日，期权费为2.5

欧元，假设期权到期时大众公司的股票价格为 50 欧元，则投资者无须按照 55 欧元的执行价格购入股票（放弃执行期权），期权自动作废，投资者仅仅损失了 2.5 欧元的期权费。

5. 指数期货

股票价格指数期货（简称股指期货）是指以股票价格指数作为标的物的金融期货合约。在具体交易时，股票指数期货合约的价值是用指数的点数乘以事先规定的单位金额来加以计算的，如标准普尔指数规定每点代表 500 美元，香港恒生指数每点为 50 港元等。股票指数合约交易一般以 3 月、6 月、9 月、12 月为循环月份，也有全年各月都进行交易的，通常以最后交易日的收盘指数为准进行结算。

股票价格指数期货交易的实质是投资者将其对整个股票市场价格指数的预期风险转移至期货市场的过程，其风险是通过对股市走势持不同判断的投资者的买卖操作来相互抵消的。它与股票期货交易一样都属于期货交易，只是股票指数期货交易的对象是股票指数，是以股票指数的变动为标准，以现金结算，交易双方都没有现实的股票，买卖的只是股票指数期货合约，而且在任何时候都可以买进卖出。

（三）股票交易价格

股票交易价格，是指股票在交易市场上成交转让时的价格。对股票卖出者来说，交易价格与购股价格之间的差额，构成其投资收益；对股票买入者来说，交易价格与面值之间的差额，构成其投资数量与股东权益的差额；对公司来说，交易价格与股票面值、发行价格之间的差额，在一定程度上反映了股东、投资者和社会对公司经营业绩和发展前景的评价。

股票交易价格是股东卖出股票与投资者买入股票这两种行为相结合的结果。从理论上说，股票交易价格的形成，主要由预期的股利值与市场利率两个因素共同决定，即只有在售股收入存入银行所能得到的股息收益不低于股利收益的条件下股东才愿意卖出股票；投资者也只有在购买股票所能得到的收益不低于利息收益的条件下，才愿意买入股票。

1. 股票除权价格

在公司送配股的场合，由于新股的入市，股票交易价格在除权日前和除权日后，会发生重要的变动。在除权日后，若交易市场上的股票价格高于运用除权价计算公式计算出的除权价，即市场价格高于理论价格，则股票具有填权效应；反之，则只有贴权效应。在填权效应中，除权日前购买股票的投资者可以获得投资收益；在贴权效应中，若卖出股票，投资者将面临损失。

2. 股票价格指数

股票价格指数，简称股价指数，是指为了反映股票交易市场的价格变动总态势，通过选择有代表性的股票并用数学方法计算其交易价格的变动状况而得出的股票交易价格变化数值。股票价格指数作为反映整个股票交易市场的价格总水平和交易状况的重要指标，不仅对上市公司、投资者、证券经纪商、市场管理机构等有重要意义，而且对分析经济运行态势、预测宏观经济走势等也具有重要意义。

（四）股票交易过程

股票交易过程，是指投资者或股东从开户、买卖股票到股票与资金交割完毕的全过程。以 A 股为例，它大致可分为开户、委托、成交、清算和交割五个阶段。

四、买壳上市、借壳上市与整体上市

一、买壳上市

1. 定义

买壳上市（反向收购）是指非上市公司股东通过收购一家壳公司（上市公司）的股份控制该公司，再由该公司反向收购非上市公司的资产和业务，使之成为上市公司的子公司，原非上市公司的股东一般可以获得上市公司 70%~90% 的控股权。一个典型的买壳上市由两个交易步骤组成：一是买壳交易，非上市公司股东以收购上市公司股份的形式，绝对或相对地控制一家已经上市的股份公司；二是资产转让交易，上市公司收购非上市公司而控制非上市公司的资产及营运。一般而言，买壳上市是那些由于受所有制因素困扰而无法直接上市的民营企业的较佳选择。

2. 步骤

首先是买壳，即收购或受让股权。收购股权有两种方式：一种方式是收购未上市流通的国有股或法人股。这种收购方式的成本较低，但是困难较大，要同时得到股权的原持有人和主管部门的同意。场外收购或称非流通股协议转让是我国买壳上市行为的主要方式。根据上海市场 1999 年上半年买壳上市行为统计，在场外收购方式中，发生频率最高的三种方式为国有股转让（40%）、法人股转让（40%）和收购控股股东（12%）。其中原国有资产管理局、政府部门控股的企业买壳上市动作最多。另外，证券公司和投资公司涉足买壳上市的现象日益增多。另一种方式是在二级市场上直接购买上市公司的股票。这种方式在西方流行，但是由于中国的特殊国情，它只适合于流通股占总股本比例较高的公司或者"三无公司"。二级市场的收购成本太高，除非有一套详细的炒作计划，能从二级市场上取得足够的投资收益，来抵销收购成本。

其次是换壳，即资产置换。将壳公司原有的不良资产剥离出来，卖给关联公司，再将优质资产注入壳公司，提高壳公司的业绩，从而达到配股资格，实现融资目的。

最后是价款支付。目前有六种方式，包括现金支付、资产置换支付、债权支付方式、混合支付、零成本收购、股权支付。前三种是主要支付方式。但是现金支付对于买壳公司来说实在是一笔较大的负担，多数买壳公司很难一下子拿出数千万元甚至数亿元现金。所以目前倾向于采用资产置换支付和债权支付方式或者加上少量现金的混合支付方式。

（二）借壳上市

1. 定义

借壳上市是指上市公司的母公司（集团公司）通过将主要资产注入上市的子公司中，来实现母公司的上市。

2. 步骤

（1）集团公司先剥离出一块优质资产上市；

（2）上市公司通过配股来筹集资金；

（3）上市公司用这一笔资金反过来购买集团公司的另一块资产。

（三）买壳上市与借壳上市的异同

买壳上市和借壳上市的共同之处在于，它们都是一种对上市公司"壳"资源进行重新配置的活动，都是为了实现间接上市，它们的不同点在于，买壳上市的企业首先需要获得对一家上市公司的控制权，而借壳上市的企业已经拥有了对上市公司的控制权。

从具体操作的角度看，当非上市公司准备进行买壳或借壳上市时，首先碰到的问题便是如何挑选理想的"壳"公司。一般来说，"壳"公司具有这样一些特征，即所处行业大多为夕阳行业，且主营业务增长缓慢，盈利水平微薄甚至亏损；此外，公司的股权结构较为单一，有利于对其进行收购控股。在实施手段上，借壳上市的一般做法是：第一步，集团公司先剥离一块优质资产上市；第二步，通过上市公司大比例的配股筹集资金，将集团公司的重点项目注入上市公司中去；第三步，再通过配股将集团公司的非重点项目注入上市公司中实现借壳上市。与借壳上市略有不同，买壳上市可分为"买壳—借壳"两步走，即先收购控股一家上市公司，然后利用这家上市公司，将买壳者的其他资产通过配股、收购等机会注入进去。买壳上市和借壳上市一般都涉及大宗的关联交易。为了保护中小投资者的利益，这些关联交易的信息皆需要根据有关的监管要求，充分、准确、及时地予以公开披露。

（四）整体上市

整体上市是指一个股份公司想要上市必须达到一些硬性的会计指标，为了达到这个目的，股东一般会把一个大型的企业分拆为股份公司和母公司两部分，把优质的资产放在股份公司，一些和主业无关、质量不好的资产（例如食堂、幼儿园、亏损的资产等）放在母公司，这就是分拆上市，股份公司成功上市后再用得到的资金收购自己的母公司，这就是整体上市。与整体上市对应的是分拆上市，分拆上市是指一家公司将其部分资产、业务或某个子公司改制为股份公司进行上市的做法。

整体上市的积极意义表现在以下三个方面。

（1）整体上市符合股票市场所具有的产业整合功能，有利于优质企业做大、做强、做好，进一步发挥企业集团的产业优势、产品优势与管理优势，降低企业与市场的交易费用与交易成本，进而有利于提升市场的资源配置功能与产业整合功能，提高市场的运行效率与运行质量；

（2）有利于消除关联交易等市场痼疾；

（3）有利于为市场的金融创新拓展空间。

第三节　债券市场

债券市场是发行和买卖债券的场所，是资本市场的一个重要组成部分，也是一国金融体系中不可或缺的部分。可分为政府债券市场和公司债券市场。

一、政府债券市场

（一）政府债券的特征与分类

1.政府债券的内涵

政府债券，是政府财政部门以政府信用为担保所发行的并承诺在规定期限内还本付息的债务凭证。这一定义中有三个主要含义：其一，政府债券是由政府财政部门发行的债务凭证；其二，政府债券是以政府信用为担保的；其三，政府债券以承诺在规定期限内还本付息为基本条件。

2. 政府债券的类型

按照发行主体的不同，政府债券可分为中央政府债券、地方政府债券和政府机构债券。

按照发行债权的市场不同，政府债券可分为国内债券和国外债券。

按照发债资金的用途不同，政府债券可分为赤字债券、建设债券和战争债券。

按照债券约定的还本期限长短，政府债券可分为短期债券、中期债券和长期债券。

二、中央政府债券

中央政府债券，也称国债，是中央政府发行的以国家信用为担保的债务凭证。

（一）国债的功能

1. 国债具有资金融通的抵押品功能

相对于其他金融资产而言，国债由于以国家的信誉为担保，信誉最好，无违约性风险，因此，在金融市场上，市场参与者常常以国债作为融通资金的抵押品。

2. 为金融市场提供基准性利率

在金融市场中，国债具有两个基本特点：一是安全性最高、风险最小，因此，国债收益属无风险无套利的收益；二是国债的交易量大、交易速度快、交易成本也低，因此，国债的流动性相当强。

3. 规避金融风险的基础性工具

进行金融投资，需要有效分散风险。由于除国债以外的其他金融产品都具有不同程度的风险，因此，投资并持有国债就成为投资组合中规避金融风险的基本机制。

4. 进行宏观调控目标的重要工具

现代市场经济，离不开政府的宏观调控。在宏观调控过程中，财政政策的放松，要求政府投资增大，而政府投资增大的一个重要机制就是扩大建设国债的发行数额。另外，货币政策在实施中离不开中央银行公开市场业务的操作。中央银行买入国债，意味着放松资金；卖出国债意味着收紧资金。因此，国债的规模变化成为宏观调控政策的风向标和实现的重要机制。

（二）国债市场的构成

1. 国债市场

国债市场是发行国债和交易国债的市场，它通常指国债现货市场。

2. 国债发行市场

国债发行市场，又称国债一级市场或国债初级市场，是由中央政府发行国债和投资者购买国债所形成的市场。在中国，通过证券交易场所和商业银行等金融机构柜台发售的国债是有形市场；由中央财政部门直接向商业银行、保险公司等金融机构发售的国债是无形市场。

3. 国债交易市场

国债交易市场，又称国债二级市场或国债次级市场，是已发行的国债在债券持有者和投资者之间交易转让的市场。根据是否在证券交易所内交易，国债交易市场可分为场内交易市场、场外交易市场和无形交易市场。

（三）国债的发行

1. 国债的发行人及发行权限

在世界各国中，国债的发行人一般由中央政府的财政部门承担，在通常情况下，批准国债的发行权力归国家的最高立法机构持有。

2. 国债发行对象

国债发行对象，是指对国债认购者的身份界定。从世界各国来看，国债的发行对象通常不受专门限制，认购者可以是金融机构、工商公司、社会居民、社会团体以及其他政府部门，甚至可以是其他国家和地区的非居民投资者。

3. 国债发行数量

一般来讲，国家财政预算或决算中的"国债发行数量"有两种含义：其一，指按年度计算的发行国债的票面金额累计总量；其二，指按年度计算的发行国债的票面金额余额新增量。国债发行过程中的发行数量是指按一次发行计算的国债票面金额量。

4. 国债利率水平

在各类证券、存款及其他有价凭证中，国债属于安全性最高、风险最小的证券，所以，在绝大多数国家中，它的利率是最低的，具有基准利率的地位和效能。在中国，国债利率常常高于同期银行存款利率1~2个百分点；2002年以后，随着银行体制和利率体系的改革深化，国债利率逐步向银行同期存款的利率靠近，目前已大致相等；在进一步改革中，国债利率将向低于银行同期存款利率的方向变动。

5. 国债期限

国债发行必须明确其期限结构。不仅每年发行的国债总量需要明确其期限结构，而且每期发行的国债也要明确其期限结构。在中国，一年期以上的国债所占比重较高，一年期以下的短期国债和十年期以上的长期国债所占比重较低。

6. 国债发行方式

国债发行方式，可分为公募、私募、直接发行和间接发行等。

（1）公募发行，是指中央财政部门向金融机构、社会公众、工商公司和其他社会团体公开发行国债、募集债务资金的发行方式。

（2）私募发行，是指中央财政部门向特定的投资对象直接发行国债、募集债务资金的发行方式。私募发行的对象通常是银行等金融机构、政府管理的基金信托组织和工商企业等。

（3）直接发行，是指中央财政部门不通过中介承销机构而直接向国债认购人发行国债的方式。

（4）间接发行，是指中央财政部门委托中介承销机构代为发行国债的方式。这里的中介承销机构通常是指商业银行、证券公司等。

7. 国债发行价格

国债发行价格，是指中央财政部门在发行国债时根据市场关系所确定的每一单位（通常以 100 元为单位）国债的售卖价格。对国债认购者来说，国债发行价格就是其投资价格。国债发行价格又可分为面值发行和折价发行两类。其中面值发行是指国债的发行价格与其票面标明的金额相等，认购者按票面标明的金额购买国债的情形；折价发行又称贴现发行或折扣发行，是指国债的发行价格等于其票面金额的贴现值，认购者按此贴现值购买国债的情形。

（四）国债的交易方式

国债交易是指以买卖已发行但尚未到期的国债为对象的市场行为。国债交易方式主要有现货交易、回购交易、期货交易和期权交易四种。

1. 国债的现货交易

在现货交易时,成交和交割基本上是同时完成的,卖方必须向买方交付国债,买方则须向卖方如数支付现金。

现货交易按交易的场所不同，可分为场内交易和场外交易。场内交易一般采取竞价交易方式，按照时间优先、价格优先的原则实现交易；场外交易则主要通过买卖双方"讨价还价"的谈判方式进行。

根据交易价格中是否含息，国债现货交易可分为全价交易和净价交易。全价交易和净价交易的区别在于，交易报价是否包含上次付息日到结算交割日期间的票面利息。

2. 国债的回购交易

国债回购交易，是指国债持有人在卖出一笔债券的同时，与买方签订协议，承诺在约定期限内依约定的价格购回同笔债券的交易活动。与其动作过程相反的行为，称为国债逆回购，又称国债返售，是指资金持有者在支付资金购入一笔债券的同时，承诺在约定期限内以约定的价格将同笔债券返售给对方的行为。

3. 国债的期货交易

国债期货交易是指以国债期货合约作为交易对象的交易方式。成交期限、成交价格、成交数量和标的国债是国债期货合约必不可少的四项基本要素。

4. 国债的期权交易

国债的期权交易是指交易双方为限制损失或保障利益而签订合约，同意在约定时间内，按照协定价格买进或卖出契约中指定的国债，也可以放弃买进或卖出这种国债的交易方式。

三、地方政府债券

地方政府债券，又称市政债券，是指财政相对独立的地方政府或地方政府公共机构发行的债券。

（一）地方政府债券的特点

1. 地方性

地方政府债券，一般在本地发行，主要由本地区的各类机构和个人购买，所募集的资金用于满足地方政府的财政开支需要和有关项目建设需要。

2. 税收优惠

地方政府债券的利息所得常常享有一些免税优惠，使得投资此类债券的收益率明显提高，同时也促进了此类债券的发行。

3. 金融性较弱

地方政府债券，作为一种证券，虽然在发行后也可进入证券交易市场进行交易，具有一定的流动性，但中央银行的公开市场业务一般不以地方政府债券为主要操作对象，同时，此类债券的利率也很难成为货币市场的基准利率，因此与国债相比它的金融性较弱。

4. 风险较高

与国债相比，地方政府债券的风险较高，一旦地方政府入不敷出，就有可能发生延期偿付债券本息的现象。

（二）地方政府债券的优缺点

优点：允许地方政府发行债券，无疑解决了地方政府财政吃紧的问题。地方政府可以根据地方人大通过的发展规划，更加灵活地筹集资金，解决发展中存在的问题。更主要的是，由于地方政府拥有了自筹资金、自主发展的能力，中央政府与地方政府之间的关系将会更加成熟，地方人大在监督地方政府方面将会有更高的积极性，中国的经济体制将会得到进一步巩固。

缺点：地方政府发行债券筹集资金总额面临着《预算法》的制约。地方政府发行债券将会产生一系列的法律问题，如果没有严格的约束机制，一些地方政府过度举债之后，将会出现破产问题。而我国目前尚未对政府机关破产做出明确的规定，一旦地方政府破产，中央政府将承担怎样的责任，地方人大将做出怎样的安排，所有这一切都必须通盘考虑。

四、其他政府债券

（一）央行债券

央行债券，又称央行票据，是指由中央银行向商业银行等金融机构发行的债务性凭证。央行债券不属于政府财政部门直接发行的债券，但由于央行属于政府部门的范畴，所以，央行债券也属于政府型债券的范畴。

央行债券的发行目的如下。

（1）中央银行为调节商业银行等金融机构的超额准备金而向商业银行发行的短期债务凭证。

（2）中央银行为展开公开市场业务，在操作工具不足时，发行央行债券。

（3）中央银行为了对冲外汇占款，在资金不足时，发行央行债券。

（4）中央银行为缓解金融市场或商业银行等金融机构的资金不足，向金融市场或金融机构注入流动性以防范和化解金融危机，从而发行央行债券。

（二）政策性金融债券

政策性金融债券，又称政策性银行债券，是中国政策性银行为筹集信贷资金而向其他贷款金融机构发行的债券。

政策性金融债券是政策性银行的主要资金来源。发债资金有效地提高了政策性银行的运作能力，一方面有力地支持了国家大中型基础设施、基础产业和支柱产业的发展，支持了产业结构调整和区域经济结构调整，支持了西部经济大开发，促进了国民经济的健康发展；另一方面也支持了这些政策性银行的金融创新和业务发展。

（三）企业债券

企业债券是指根据《企业债券管理条例》的规定、由企业按照规定程序发行并到期偿还本息的债券。

企业债券有以下四个特征：

（1）每一主体的发债规模都很大。

（2）发债主体基本为国有企业。

（3）发债资金几乎全都投入政府部门批准的投资项目。

（4）审批部门并非债券市场监管机关。

五、公司债券

公司债券简称"公司债"，是由公司（即股份有限公司和有限责任公司）依法发行并承诺在约定时间内还本付息的标准化债务凭证。

（一）公司债券的特征

1. 契约性

公司债券作为一种债务凭证，记载的是发行人与购买人之间的债权债务关系。在未被认购前，公司债券实际上是一种债务要约；一旦被认购，债权债务的契约关系就即刻形成。

2. 风险较大

公司债券的本息偿付资金主要来源于发行人的经营收入。由于发行人在其经营过程中面临诸多风险，一旦经营不善就可能发生亏损，债券的本息偿付就可能发生困难，因此风险较大。

3. 抵押性

由于公司债券的本息偿付存在较大的风险，所以，为了保障债权人的合法权益、支持公司债券市场的发展，各国都通过相关法律，明确规定了发行人应以其净资产作为公司债券的抵押品，并限制了发行规模与发行人净资产之间的比例关系。

4. 优先性

债券持有者是公司的债权人而不是股东，一般不参与公司的经营管理决策，但有权按期取得利息，且利息分配顺序优先于股东的股利分配。在清算资产时，债券持有者获得本息偿付的顺序也优先于股东对股本资金的要求。

5. 利率较高

由于投资公司债券风险较大，发债公司运作债券资金可能获得较高的利润率，所以，公司债券利率通常高于政府债券。

6.债券品种繁多

公司债券的品种非常多。不同的公司发行的公司债券各不相同，就是同一家公司也经常发行期限、利率、权益、抵押担保方式不同的债券。

（二）公司债券的功能

1.融资功能

公司债券是发行人融入中长期资金的主要金融工具之一。公司债券的融资成本通常低于银行贷款，同时，在一般情况下，它不涉及公司的股权关系且有利于公司股利的增加和股票价格的提高，融资成本低于股票。

公司债券的融资功能同时也是它的资源配置功能，这种功能主要通过债券的发行利率和发行条件来实现。

2.资本功能

通过中长期公司债券融入的资金，虽然在性质上属于债务性资金，但在功能上具有一定程度的资本金效能，即它可以作为准资本发挥作用。

3.资产功能

公司债券作为一种金融产品，是企业和金融机构进行金融投资的重要对象。公司债券在证券市场中的交易，保障了此类资产的流动性；公司债券的利率高于存款利率，保障了此类资产的收益率。对商业银行来说，相对于企业发放贷款的利率，公司债券的收益率可能较低，但它避免了贷款因故转化为对应企业实物资产而引致的各种风险，有利于减少不良贷款。

4.利率功能

首先，在金融市场中，利率是资金的价格水平。公司债券的利率，对资金投资者有较大的吸引力，由此，在存款利息由行政机制控制的条件下，发展公司债券有利于推进存款利率的市场化进程；其次，虽然公司债券利率低于贷款利率，但它的风险也小于贷款，对从事贷款业务的金融机构也有吸引力，因此，在贷款利率由行政机制控制的条件下，发展公司债券有利于推进贷款利率的市场化进程；最后，公司债券利率对股票价格有制衡作用，如果股价过高，投资者可能选择安全性高于股票的公司债券进行投资。

5. 衍生功能

公司债券是市场化程度很高的公众性投资产品，它在运行和发展中与其他业务性金融产品形成了利率联动关系，由此形成了在债权债务关系基础上的风险与收益，这为一系列衍生产品的创新提供了基础条件和市场环境。

6. 金融国际化功能

在开放型经济中，公司债券市场的开放程度直接制约着金融市场的开放程度。首先，在海外发行债券，是公司介入国际金融市场运作的一个重要步骤和机制，也是公司争得国际信誉的一个重要途径；其次，购买他国公司债券是公司在国际金融市场展开金融投资运作的一个重要方面，也是回避汇率风险的一个重要机制；最后，对一国来说，在货币国际化过程中，一国需要通过公司债券市场的开放给海外非居民以本币回流的通道。从这个意义上说，在人民币国家化进程中，中国公司债券市场的开放将成为人民币回流的一个重要机制。

（三）公司债券的收益

投资公司债券的收益主要来源于三个方面。

1. 利息收入

这是公司债券的发行人按约定定期向债权人支付的利息，通常的方式以时间划分，有每年支付的、每六个月支付的、每三个月支付的和一次性支付的等。

2. 资本利得收益

在债券交易市场上，公司债券的价格会经常发生波动，投资者在市场上出售公司债券时，如果卖出的价格高于当初的买入价格，就将获得相应的价差收入。

3. 利息的利息收入

由于公司债券发行人定期支付利息，投资者可以把收到的利息继续按即期的市场利率进行再投资以获取这部分资金的利息收入。

（四）公司债券的风险

有收益必有风险。债券投资风险是多种多样的。投资公司债券所面临的风险主要有利率风险、通货膨胀风险、市场风险和违约风险等。

1. 利率风险

利率风险是指由市场利率水平的变化所引起的公司债券的实际收益偏离预期收益的可能性。一般来讲，公司债券的期限越长，其受利率变化影响的风险就越大。

2. 通货膨胀风险

通货膨胀风险，又称购买力风险，是指由于通货膨胀的变化而引起的真实收益偏离预期收益的可能性。对公司债券来说，通货膨胀的上升将使债券的真实收益下降，或使实际贴现率上升，从而使名义收益的真实贴现率下降，最终使实际收益偏离预期水平；反之，通货膨胀率下降，在名义利率不变的条件下，投资者将获得超出预期收益的真实收益率。

3. 市场风险

市场风险是指由债券价格变动引起的投资者收益率偏离预期收益率的可能

性。债券价格围绕债券内在价值上下波动，因此，在债券价格偏离内在价值时会产生市场风险。

4. 违约风险

对公司债券来说，违约风险是指由发行人不能按期偿付本息而给投资者带来损失的可能性。公司债券的违约风险主要有两类：其一是发债公司无力偿付债券本息；其二是债券的本息能得到偿付，但其他条款（如可转换、可认购普通股、可参与分红等）无法履约执行。

第四章　证券类衍生产品市场

第一节　投资基金证券

一、投资基金证券的定义

投资基金证券又称基金证券，是指由投资基金组织向社会公开发行的、证明持有人按其持有份额享有资产所有权、权益分配权和剩余资产分配权的凭证。

在发达国家中，通过投资基金证券集中的资金，是资本市场中的主要投资基金，它是有别于股票和债券的一种有价证券。

二、投资基金证券的特点

（一）汇集小额资金进行规模性投资

由于购买其他股票和债券都有最低金额的限定，许多中小投资者或因资金不足难以涉足，或因资金有限不能满足投资多样化的需求，投资基金证券则可以解决这一问题。由于基金证券汇集了大量中小投资者的资金，资金总额庞大，可以购买多种股票和债券，在数量上和金额上都占有优势。同时，买卖股票必须付给证券商佣金，而佣金是随着交易量的增加而相应下降的，因此，投资基金的个人相对地减少了佣金支出，降低了投资成本。

（二）分散投资风险

投资基金是由众多投资者汇集起大额资金进行多种金融资产的投资，一方面，投资风险可由众多的投资人来分摊；另一方面，投资金额巨大，可以进行多种投资组合，如各种股票、债券、外汇、期货和期权等，甚至可以投资于实业，某些投资对象跌价造成的损失可以由另一些投资对象增值而带来的收益予以抵消。对于小额投资者来说，相当于把有限的资金分散投资于各种不同的证券上，拓宽了个人投资渠道。

（三）享有专家经营管理的诸多优势

投资基金由基金管理公司负责经营管理，根据投资者和市场的需求，设计出各种组合的投资机会，选择和调整投资对象。作为基金管理公司，必须具备一定的条件，如拥有先进的研究手段和设备，有经验丰富的专家，能够随时掌握各种产业、上市公司的经营状况和瞬息万变的市场动态等，这就为其准确判断形势提供了巨大的优势，失误概率相对变小。个人投资者或无时间、精力，或无知识，购买基金证券，就相当于拥有了知识、信息和经验方面的优势，从而可以尽量避免个人投资的盲目性。

（四）间接的证券投资方式

投资者是通过购买基金证券而间接投资于证券市场的。与直接购买股票成为股东或者是购买债权成为债权人相比，投资者与上市公司没有任何直接关系，不参与公司的决策和管理，只享有基金利润的分配权。

（五）由专家进行专业化管理

基金证券由专业的基金管理公司负责管理。基金管理公司配备了大量的投资专家，他们不仅具备广博的投资分析和投资组合理论知识，而且在投资领域也积累了相当丰富的经验，相比一般投资者而言，他们对于基金往往会有更高的研究水平。

（六）投资费用低廉

投资基金证券最低投资额一般较低，在我国，每份基金单位面值为人民币1元，最低投资限额为1000个基金单位。投资者可以根据自己的财力购买基金份额。由于基金集中了大量资金进行证券交易，证券商在手续费方面就会给予一定的优惠，很多国家和地区对基金在税收上也给予一定的优惠。基金的费用通常较低，基金管理公司就提供基金管理服务而向基金收取的管理费一般为基金资产净值的1%~2.5%，与此同时，投资者购买基金需缴纳的费用通常为认购总额的0.25%，低于购买股票的费用。

（七）组合投资，风险分散

"不要把鸡蛋放在同一个篮子里。"根据投资专家的统计研究，在股票投资中，要通过构造投资组合，达到起码的风险分散，至少要有 10 种以上的股票。然而，中小投资者通常无力做到这一点。投资基金证券通过汇集众多中小投资者的小额资金，就可以实现这一目标。投资人只要买了一份基金，就等于买了几十种或几百种股票和债券，如果其中一些股票和债券下跌了，可能会被另外一些股票和债券的上涨所抵消，使投资者不至于遭受损失，从而分散了风险。

（八）流动性强

对于开放式基金而言，由于其每天都会进行公开报价，因此投资者既可以向基金管理公司直接购买或赎回基金，也可以通过证券公司等代理销售机构购买或赎回。对于封闭式基金而言，目前我国封闭式基金都在证券交易所上市交易，买卖程序与股票相似。

（九）收益稳定

基金的投资者按照持有的"基金单位"份额分享基金的增值效益，一般而言，投资基金采取组合投资，一定程度上分散了风险，收益比较稳定。

三、投资基金证券的运行机制

投资基金证券是由基金发起人发行的，按契约形式发起的资金，证券持有人与发起人之间是契约关系。

按公司形式发起的基金，通常要先组建基金公司，并由发起人（大股东）组成董事会，决定基金的发起、设立中止以及选定管理人和托管人等事项，证券持有人成为公司股东的一员，但都不参与基金的运用。即发起人与管理人、托管人之间完全是一种信托契约关系。投资基金证券的收益是不固定的，这一点不同于债券，而类似于股票，但收益一般小于股票投资，而大于债券。因而一般认为基金证券是一种风险低于股票、收益高于债券的证券品种。

第二节　可转换公司债券市场

一、可转换公司债券的定义

可转换公司债券简称"可转债"，是公司发行的含有转换特征的债券。在招募说明中发行人承诺根据转换价格在一定时间内可将债券转换为公司普通股。行权前，它属于公司债券；行权后，它又转化为股票。转换特征为公司所发行债券的一项义务，若持有人不想转股，则可继续持有债券，到期时，发行人将按约定还本付息。

可转换债券的优点为普通股所不具备的固定收益和一般债券不具备的升值潜力，是公司债券与股票的特征在时间上组合的产物。当可转换公司债券中的债券与认证股权分离交易时，它成为分离式可转换债券；当可转换的股票为发行人所拥有的子公司股票时，可转换公司债券成为可交换公司债券。

二、可转换公司债券的特点

（一）债券性与股权性

可转换债券在转换成股票之前是纯粹的债券，有规定的利率和期限，投资者可以选择持有债券到期，收取本息。但转换成股票之后，原债券持有人就由债权人变成了公司的股东，可参与企业的经营决策和红利分配，这也会在一定程度上影响公司的股本结构。

（二）可转换性

可转换性是可转换债券的重要标志，债券持有人可以按约定的条件将债券转换成股票。投资者也有更多的变更机会。初期保证投资者获得稳定的利息收入，到了中后期，若公司业绩良好、公司股票价格上涨，投资者则可通过转换分享公司成长的收益。

（三）利率较低

由于可转换公司债券具有转化股份的权利，债权人会获得一定的潜在收益；所以投资者会接受比普通债券略低的利率，一定程度上降低了发行人的发债募资成本。

（四）收益的不确定性

虽然可转换性带来了更多的选择，但是发行公司的股价高低受许多因素影响；例如在可转换期内，公司股价下跌，则投资者只能按照公司债券规定收取本息，或者将债券转为股份，收益面临损失；然而如果公司运营情况良好，将债券转化为股份，投资者就可以获得更高的收益。由此可见收益的不确定性极大。

（五）期限较长

可转换债券是一种长期金融工具。而对于公司来说，发行的长期债券由于较多不确定因素，投资者很难大量购买，所以才以"可转换股份"作为激励手段。因此中短期债券一般不会实行可转债方式。在中国，可转换公司债券的期限为 3~5 年。

三、可转换公司债券的运行机制

（一）可转换公司债券的发行

在中国，股份公司发行可转换公司债券的条件十分严格，因此与海外市场相比，中国的 A 股上市公司发行可转换公司债券的数量较少。

（二）可转换公司债券的上市

可转换公司债券上市，指的是这种债券在证券交易场所挂牌交易的过程。通常，上市公司的股票在哪个交易场所上市交易，它的可转换公司债券就在哪个交易场所申请上市。

（三）可转换公司债券的交易

在中国的沪深证券交易所中，可转换公司债券的面值常以 100 元为一个报价单位，但以"一手"（1000 元面值）为一个交易单位实行整手倍数交易。

第三节　资产证券化

一、资产证券化的含义

资产证券化是金融资产基础上的金融衍生产品，它是一种以特定资产组合或特定现金流为支持发行可交易证券的融资形式，是通过真实销售、破产隔离、信托设立、资产分级、有限追索和信用增级等机制发行资产支持证券的行为。

二、资产证券化的特点

第一，利用金融资产证券化可提高金融机构资本充足率。

第二，增加资产流动性，改善银行资产与负债结构失衡。

第三，利用金融资产证券化来降低银行固定利率资产的利率风险。

第四，银行可利用金融资产证券化来降低筹资成本。

第五，银行利用金融资产证券化可使贷款人资金成本下降。

第六，金融资产证券化的产品收益良好且稳定。

三、资产证券化的程序

资产证券化的流程见图 4.1。

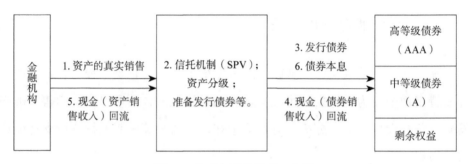

图 4.1　资产证券化流程示意图

四、次贷危机

美国次贷危机（subprime crisis）又称次级房贷危机，它是指一场发生在美国，因次级抵押贷款机构破产、投资基金被迫关闭、股市剧烈震荡引起的席卷美国、欧盟和日本等世界主要金融市场的金融风暴。这是资本证券化金融机构沦为获取暴利的金融工具后，一次金融风险大规模爆发的金融危机。

为什么一个数额仅有 1.3 万亿美元左右的次级住房抵押贷款能掀起一轮如此大的国际性金融危机？主要原因在于资产证券化的原理中存在机制缺陷——将原先作为坏账准备的利率收入转变成了对应金融机构的经营利润。不仅如此，在住宅抵押贷款支持证券的基础上，美国的投资银行在金融创新中推出了大量个性化的担保债务凭证（CDO），又将最初的 CDO 纳入资金池，使得建立在次贷证券化上的各种证券化衍生产品以几何级数膨胀增加，形成了一个数额巨大且错综复杂的"证券—资产—证券"的交易网络。

由此可见，在资产证券化市场中，必须全面严格地遵守市场机理的要求，全面审视金融监管体系，强化资产证券化发起人的责任。限制资产证券化的平方、立方等膨胀，使资产证券化的积极功能得到更好地发挥。

第四节　认股权证市场

一、认股权证的含义

认股权证又称股票权证，是约定该证券的持有人在规定的某段期间内，有权利按约定价格向发行人购买标的股票的权利凭证。

认股权证是上市公司股票的衍生产品，它在一定程度上具有股票的某些属性——具有期权性质的股票衍生证券。从投资者方面来看，一旦持有了认股权证，也就持有了按照自己意愿在约定时间内以约定价格认购或抛售标的股票的权利。

二、认股权证的要素

（一）发行人

股本权证的发行人为标的上市公司，而衍生权证的发行人为标的公司以外的第三方，一般为大股东或券商。在后一种情况下，发行人往往需要将标的证券存放于独立保管人处，作为其履行责任的担保。

（二）看涨和看跌权证

当权证持有人拥有从发行人处购买标的证券的权利时，该权证为看涨权证；反之，当权证持有人拥有向发行人出售标的证券的权利时，该权证为看跌权证。认股权证一般指看涨权证。

（三）到期日

到期日是指权证持有人可行使认购（或出售）权利的最后日期。该期限过后，权证持有人便不能行使相关权利，权证的价值也变为零。

（四）执行方式

在美式执行方式下，持有人在到期日以前的任何时间内均可行使认购权；而在欧式执行方式下，持有人只有在到期日当天才可行使认购权。

（五）交割方式

交割方式包括实物交割和现金交割两种形式。其中，实物交割指投资者行使认股权利时从发行人处购入标的证券；而现金交割指投资者在行使权利时，由发行人向投资者支付市价高于执行价的差额。

（六）认股价（执行价）

认股价是指发行人在发行权证时所订下的价格，持证人在行使权利时以此价格向发行人认购标的股票。

（七）权证价格

权证价格由内在价值和时间价值两部分组成。当正股股价（指标的证券市场价格）高于认股价时，内在价值为二者之差；而当正股股价低于认股价时，内在价值为零。但如果权证尚没有到期，正股股价还有机会高于认股价，因此权证仍具有市场价值，这种价值就是时间价值。

（八）认购比率

认购比率是每张权证可认购正股的股数，如认购比率为0.1，就表示每一张权证可认购十份股票。

（九）杠杆比率（Leverage Ratio）

杠杆比率是正股市价与购入一股正股所需权证的市价之比，即：杠杆比率＝正股股价 /（权证价格 ÷ 认购比率）。杠杆比率可用来衡量"以小搏大"的放大倍数，杠杆比率越高，投资者盈利率也越高，当然，其可能承担的亏损风险也越大。

三、认股权证的主要类型

依照不同的标准，认购股权可以划分为不同的类型。

按照权利内容划分，权证分为认购权证和认沽权证。如果在权证合同中规定持有人能以某一个价格买入标的资产，那么这种权证就叫认购权证。如果在权证合同中规定持有人能以某一个价格卖出标的资产，那么这种权证就叫认沽权证。认购权证属于"看涨权证"，价值随对应资产价值的增加而上升；而认沽权证属于"看跌权证"，其价值随对应资产价值的降低而上升。

按照行权时间划分，认股权证可分为欧式、美式和百慕大式权证。其中美式认股证的主要特点是持有人在股证上市日至到期日期间任何时间均可行使其权利；欧式认股证则是持有人只可以在到期日当日行使其权利，目前欧式认股证为香港最常见的股证类别；百慕大式权证的特点是认股权证的持有人可以拥有多个行权日。当然，无论股证属于哪类，投资者均可在到期日前在市场出售持有股证。事实上，只有小部分股证持有人会选择行使股证，大部分投资者均会在到期前沽出股证。

第五章　非证券市场

第一节　股权投资

一、股权投资定义

股权投资是指投资者购买的有限责任公司或股份有限公司等经营性法人机构的股票或以货币资金、无形资产和其他实物资产直接投资于其他单位并持有其股权的过程。其最终目的是为了获得较大的经济利益，这种经济利益可以通过分得利润或股利获取，也可以通过其他方式取得。

股权投资通常是长期（至少在一年以上）持有一个公司的股票或长期地投资一个公司，以期达到控制被投资单位，或对被投资单位施加重大影响，或为了与被投资单位建立密切关系，以分散经营风险的目的。

二、股权投资类型

依照不同的划分标准，股权投资可分为不同类型。主要从以下角度划分。

（一）对公司控股权

1.控股型股权投资

由于在有限责任公司和股份有限公司中，股东的权数是按照其持股份额界定的，因此，绝对控股的数额是达到持有公司股权的51%。

2.联合控股型股权投资

在单一股东资金不足以完成绝对控股或其他条件受限时，此股东可以通过关联机制联合其他投资者共同投资入股，同样可以实现控股。

3.控制性股权投资

在现实条件下难以控股或不打算控股时，投资者可选择在入股过程中使持有的股权比例达到实际控制公司经营运作的程度（成为第二大股东或股权达到30%）。

4.联合控制型股权投资

如果联合多个投资人共同投资入股依旧不能达到绝对控股的程度，那么可以联合多个投资人使多人共同持有的股权数量达到实际控制权的程度，以影响公司的发展运营。

5.参股型股权投资

（二）投资目的

第一，战略性投资，是指长期持有公司股权并以影响公司经营运作为目的的股权投资。这类股权投资人所持有的股权通常在 5% 以上，投资期限通常在 5 年以上，投资者在股权持有期内主要通过股利分配获得投资回报。

第二，财务性投资，是指以财务获利为目的的股权投资。这类股权投资人所持有的股权通常在 5% 以下，投资期限较短，投资者主要期待通过股份增值来获得投资回报。

（三）股权投资的特点

1. 股权投资属于直接金融的范畴

股权投资不论在哪种场合、采用何种方式开展，都属于直接金融的范畴。无论是资金供给者（即投资者）还是资金需求者（即公司），都可以直接通过资金、股票等价值物进行交易。所以不论是否有金融机构介入，股权投资都属于直接金融。

2. 股权投资伴随着高风险

股权投资通常需要经历一定的投资周期，而因为被投资企业的发展本身有很大风险，如果被投资企业最后以破产惨淡收场，股权投资也可能血本无归。因此一旦股权资金的安全性受到影响甚至威胁时，股权投资者就应运用董事会、股东大会等防范机制；在上市公司中，股权投资者可通过股票市场卖出股票以防范风险。

3. 股权投资可以提供全方位的增值服务

股权投资在向目标企业注入资本的时候，也注入了先进的管理经验和各种增值服务，这也是其吸引企业的关键因素。

4. 股权投资定价相对复杂

与债权投资的定价不同，由于股权投资对象公司的长期运作现实，其时间并无期限界定，变动的因素也较为复杂，收益率并无明显限制，存在本金亏损的可能，因此，股权投资的定价相当复杂。

第二节　对冲基金

一、对冲基金的概念

对冲基金（Hedge Fund），也称避险基金或套利基金，意为"风险对冲过的基金"，它是投资基金的一种形式。

对冲基金名为基金，实际与互惠基金安全、收益、增值的投资理念有本质区别，它是在实行合伙制的基础上通过引入富人投资者和机构投资者的资金进行金融组合投资并有条件地采用动态交易策略以获取绝对收益的私募基金。早期的对冲操作中，投资者的目的在于抵消风险、进行保值，多为保守型投资者的惯用策略；而如今的投资者采用各种交易手段（如卖空、杠杆操作、程序交易、互换交易、套利交易、衍生品种等）进行对冲、换位、套头、套期来赚取巨额利润，主要目的变为利用高风险实现"预期利润"。

二、对冲交易模式的类型

对冲交易模式的类型主要分为四类：股指期货对冲、商品期货对冲、统计对冲及期权对冲。

（1）股指期货对冲是指利用股指期货市场存在的不合理价格，同时参与股指期货与股票现货市场交易，或者同时进行不同期限、不同（但相近）类别的股票指数合约交易，以赚取差价的行为。股指期货套利分为期现对冲、跨期对冲、跨市对冲和跨品种对冲。

（2）商品期货同样存在对冲策略，在买入或卖出某种期货合约的同时，卖出或买入相关的另一种合约，并在某个时间同时将两种合约平仓。在交易形式上它与套期保值有些相似，但套期保值是在现货市场买入（或卖出）实货、同时在期货市场上卖出（或买入）期货合约；而套利却只在期货市场上买卖合约，并不涉及现货交易。商品期货套利主要有期现对冲、跨期对冲利、跨市场套利和跨品种套利四种。

（3）统计对冲有别于无风险对冲。统计对冲是利用证券价格的历史统计规律进行套利的，是一种风险套利，其风险在于无法确定这种历史统计规律在未来一段时间内是否继续存在。统计对冲的主要思路是先找出相关性最好的若干对投资品种（股票或者期货等），再找出每一对投资品种的长期均衡关系（协整关系），当某一对品种的价差（协整方程的残差）偏离到一定程度时开始建仓——买进被相对低估的品种，卖空被相对高估的品种，等到价差回归均衡时获利了结即可。统计对冲的主要内容包括股票配对交易、股指对冲、融券对冲和外汇对冲交易。

（4）期权又称选择权，是在期货的基础上产生的一种衍生性金融工具。从其本质上讲，期权实质上是在金融领域将权利和义务分开进行定价，使得权利的受让人在规定时间内对于是否进行交易行使其权利，而义务方必须履行。在进行期权交易时，购买期权的一方称为买方，而出售期权的一方则称为卖方。买方即权利的受让人，而卖方则是必须履行买方行使权利的义务人。期权的优点在于收益无限的同时风险损失有限，因此在很多时候，利用期权来取代期货进行做空、对冲利交易，会比单纯利用期货套利具有更小的风险和更高的收益率。

三、对冲基金的功能

对冲基金作为一种特殊的投资运作组织方式，与金融市场息息相关。在金融市场的发展过程中，对冲基金的主要作用表现在以下三个方面。

（一）满足了投资者需求

随着经济不断发展，出现了一部分财产较多的高风险偏好投资者，有追求高风险、高收益的内在要求，对冲基金的产生和发展在较大程度上满足了这些消费者的需求。

（二）提高市场流动性

由于对冲基金的资金实力较强，又可以进行杠杆操作，还能进行诸如卖空、互换交易、现货与期货的对冲、基础证券与衍生证券的对冲等各种交易，单笔交易量较大，又经常在同一时点上既做多又做空，所以它们可以在较大程度上提高金融市场的流动性。

（三）丰富市场投资品种

对冲基金丰富的投资策略和较强的盈利能力满足了投资者的个性化需求。目前有越来越多的捐赠基金、养老金、保险基金等机构投资者投资对冲基金。

尽管如此，对冲基金在为金融市场带来效益的同时，也带来了诸多风险。一方面，对冲基金的"趋势跟随"型投资者在买空卖空时会加剧市场波动，给金融市场运行带来更大的不确定性；另一方面，由于其在进行"融资融券"和保证金交易时，必然要与银行、证券公司等金融机构之间形成长期合作的利益共同体，一旦对冲基金出现资金周转困难，势必影响到金融机构的运营安全，甚至极有可能引发系统性风险。因此，使对冲基金进行有效的扬长避短成为世界各国金融监管部门的重要论题。

第三节　信托市场

一、内涵

信托，是指委托人基于对受托人的信任，将其财产权委托给受托人，由受托人按委托人的意愿以自己的名义为受益人的利益或者特定目的进行独立运作管理或者处分的法律行为。

信托市场的主体包括信托委托人、受托人和受益人。受益人和委托人可以是同一人，也可以不是同一人；受托人可以是受益人，但不得是同一信托的唯一受益人。上述三者关系既是一种经济关系，又是一种法律关系。

信托市场由建立在信托机制基础上的金融产品的发行市场和交易市场构成，也可以说信托服务业实现其价值的领域即为信托市场。

二、特点

信托作为一种管理财产的金融机制和法律机制，与股权、债券相比，具有以下三个特点。

（一）主体不同

在股权与债券机制中，涉及的利益主体基本上是买方与卖方两者。但在信托机制中，其主体包括委托人、受托人和受益人三方，虽然主体可以重叠，但运行关系的复杂程度是有明显区别的。

（二）财产转移关系不同

在股权与债券机制中，利益相关方实现的是等价交换行为；但在信托机制中，委托人将财产转移给受托人时，并未同时获得等价物。另外，在股权债券转移的过程中，投资者拥有其购买的财产控制权，可进行相应的投资收益；而信托机制中，委托人一旦将财产移交给受托人，在契约期内，就失去了对信托财产的权利，信托财产暂时性被视作受托人的财产。因此，在信托机制中，并不存在等价交换行为，而是财产委托运作行为。

（三）收益权不同

在股权与债券机制中，收益权归投资者所有，并且股权资本获得者与债权资金获得者有明确为投资者谋求盈利的义务；信托机制中，委托人并不享有收益权，受托人也没有必须为受益人争取盈利的法定要求。

以上特点共同决定了信托机制是一种"受人之托，代人理财"的财产运作方式。它介入了实体经济和金融领域，被用于财富创造和经营活动。从这方面讲，信托机制的可运作范围大于股权机制和债券机制。

三、功能

（一）代人理财的作用，拓宽了投资者的投资渠道

利用规模效益，信托将零散的资金巧妙地汇集起来，由专业投资机构运用于各种金融工具或实业投资，谋取资产的增值；同时，信托财产的管理运用均是由相关行业的专家来管理的，他们具有丰富的行业投资经验，掌握先进的理财技术，善于捕捉市场机会，为信托财产的增值提供了重要保障。

（二）聚集资金，为经济服务

由于信托制度可有效地维护、管理所有者的资金和财产，因此它具有很强的筹资能力，为企业筹集资金创造了良好的融资环境，更为重要的是它可以将储蓄资金转化为生产资金，可有力地支持经济的发展。

（三）规避和分散风险的作用

由于信托财产具有的独立性，使得信托财产在设立信托时没有法律瑕疵，在信托期内能够对抗第三方的诉讼，保证信托财产不受侵犯，从而使信托制度具有了其他经济制度所不具备的风险规避作用。

（四）促进金融体系的发展与完善

我国金融市场一直以银行信用为主，这种状况存在着制度性、结构性缺陷，无法满足社会对财产管理和灵活多样的金融服务的需要，而信托制度凭借独特的优势可以最大限度地满足这些需求。

（五）发展社会公益事业

信托具有健全社会保障制度的作用。通过设立各项公益信托，可支持我国科技、教育、文化、体育、卫生、慈善等事业的发展。

（六）信托制度有利于构筑社会信用体系

信用制度的建立，是市场规则的基础，而信用是信托的基石。信托作为一项经济制度，如没有诚信原则支撑，就谈不上信托，而信托制度的回归，不仅促进了金融业的发展，而且对构筑整个社会信用体系具有积极的促进作用。

第四节　融资租赁市场

一、融资租赁的内涵

融资租赁，是指实质上转移了与资产所有权有关的全部风险和报酬的租赁。其所有权最终可能转移，也可能不转移。

其主体主要包括承租人、出租人和供货人三方通俗地讲，融资租赁是指根据承租人对租赁物的特定要求和对供货者的选择，由出租人出资向供货人购买租赁物并租给承租人使用，同时承租人按照租赁合约的规定分期向出租人支付租金的金融活动。其中出租人通常并不拥有货物，只是在合约期拥有充足资金，其目的不在于获得货物的租金收入，而在于获得货物租金、贷款利率及其他的金融收入。

二、特点

（一）融资租赁

融资租赁是一种贸易与信贷相结合、融资与融物为一体的综合性租赁交易方式，其表现形式为融物，实质内容则是融资。由于租赁物件的所有权只是出租人为了控制承租人偿还租金的风险而采取的一种形式所有权，在合同结束时最终有可能转移给承租人，若要留购，购买价格可由租赁双方协商确定。因此租赁物件的购买由承租人选择，维修保养也由承租人负责，出租人只提供金融服务。

（二）融资租赁至少涉及三方当事人

三方当事人为出租人、承租人和供货商，并且是至少由两个合同——买卖合同和租赁合同构成的三边交易。这三方当事人相互关联，两个合同相互制约，这也是融资租赁不同于分期付款和举债信用的一个重要区别。

（三）设备的所有权与使用权长期分离

设备的所有权在法律上属于出租人，设备的使用权在经济上属于承租人。在租期结束时，承租人一般对设备拥有留购、续租或退租三种选择权，而大多是承租人以一定名义支付较小数额的费用取得设备的所有权，作为固定资产投资。

（四）全额清偿

全额清偿即出租人在基本租期内只将设备出租给一个特定的用户，出租人从该用户处收取的租金总额应等于该项租赁交易的全部投资及利润，或根据出租人所在国家关于融资租赁的标准，租金等于投资总额的一定比例，如80%。换言之，出租人在一次交易中就能收回全部或大部分该项交易的投资。

（五）不可解约性

对于承租人而言，租赁的设备是承租人根据其自身需要而自行选定的，因此承租人不能以退还设备为条件而提前中止合同。对于出租人而言，因设备为已购进产品，也不能以市场涨价为由提高租金。总之，在一般情况下，租期内租赁双方都无权中止合同。

三、功能

（一）从承租人的角度来看

1. 缓解资金压力

在融资租赁机制的有效实施下，实体企业开辟了融资新渠道，不需要在使用设备初期全额支付货款，缓解其在经营运作中的资金压力。

2. 提高资源配置能力

承租方可完全按照自身需求选择时间及设备，节省了购买资金的同时，也避免了设备等固定资产在使用中的闲置，提高了资源的使用效率及配置能力。

3. 降低运营风险

防止资金到位与购买设备在时间上的不一致带来的风险，一旦资金到位不及时，会延误生产甚至影响经营；同时可以租用到最新设备，减少无形损耗和折旧带来的风险。

（二）从供货商的角度来看

1. 促进销售

供货方的经营运作往往取决于买方资金能力，而融资租赁机制极大地解决了这一问题，承租人的资金压力减少，供货商的销售量就会增多。

2. 促进供求信息对接

由于融资租赁机制要求向厂家提供具体要求，供货商有充足的时间和信息进行生产，一方面可以减少设备生产的限制时间，另一方面也加快了厂家的资金周转速度。

（三）从出租方的角度来看

1. 促销功能

主要针对以设备制造厂商为背景的租赁公司，通过促销租赁的方式帮助设备制造厂商扩大销售、减少应收账款。租赁公司也大多与设备厂商开展合作、互利共赢。

2. 融资

这是以物权为特征的融资新方式，即通过融物来实现融资。通常出租方也就是租赁公司会与银行进行合作，这样一来将金融机制直接介入实体经济部门，开辟了金融运作的新途径。

第五节　公司并购市场

一、内涵与特点

（一）公司并购

公司并购，包括合并和收购两层含义、两种方式。国际上习惯将合并和收购合在一起使用，统称为 M&A，在我国称为并购。并购是一种股权范畴内的调整和变化，建立在公司制度基础上，即发生在公司之间而非企业之间；虽然合并和收购被置于一个名称下，但它们不是同一概念，也不是内涵完全相同的市场行为。

公司并购既是资本市场的重要组成部分，又是资本市场发挥作用的必然结果。公司并购通过资金流动和资产、资本、股权以及债务等的重组，促进了资本市场的资源重新配置，提高了经济效率。

（二）公司收购

公司收购是指一公司通过购买股权而得以控制目标公司的经济现象。收购的直接对象并非公司而是目标公司股权，目的是实现"控股"。收购的直接结果是，一公司拥有了对另一公司的控制权，被收购的公司并不会失去法人地位，它们仍是两个公司。

（三）公司合并

公司合并是指两个以上的公司在自愿的基础上通过有关程序结合成一个公司的经济现象，其目的是在股权合一的基础上，实现资产一体化，形成规模经济和提高经济效率，其结果可能是保留一个公司的名称和法人资格，也可能取消各自原有名称而新设立一个公司。

虽然公司的收购和合并不属于同一范畴，但由于二者在资本市场中都是对资产存量进行重组和重新配置的行为，所以人们常常将这些概念合在"公司并购"下使用。

二、形式

（一）从行业角度划分

从行业角度划分，可将其分为横向并购、纵向并购和混合并购。横向并购是指同属于一个产业或行业，或产品处于同一市场的公司之间发生的并购行为。横向并购可以扩大同类产品的生产规模，降低生产成本，消除竞争，提高市场占有率。纵向并购是指生产过程或经营环节紧密相关的公司之间的并购行为。纵向并购可以加速生产流程，节约运输、仓储等费用。混合并购是指生产和经营彼此没有关联的产品或服务的公司之间的并购行为。混合并购的主要目的是分散经营风险，提高企业的市场适应能力。

（二）从公司并购的付款方式划分

从公司并购的付款方式划分，可将其分为资金收购、股份收购和债权收购。

资金收购，是指收购公司以现金购买目标公司的股份所实现的收购。股份收购，是指收购公司通过购买或交换的方式将自己的股权置换成目标公司的股份所实现的收购。债权收购，是指收购公司通过将自己持有的目标公司的债权转换成目标公司的股份所实现的收购。

（三）从并购企业的行为来划分

从并购企业的行为来划分，可以分为善意并购和敌意并购。善意并购主要通过双方友好协商，互相配合，制定并购协议。敌意并购是指并购企业秘密收购目标企业股票等，最后使目标企业不得不接受出售条件，从而实现控制权的转移，是公司间股权之争的一种手法。

（四）从控股程度的不同来划分

从控股程度的不同，公司收购可分为参股收购、控股收购和完全收购。参股收购，是指收购公司通过持有目标公司的部分股份所实现的收购。控股收购，是指收购公司通过持有目标公司达到控制程度的股份所实现的收购。完全控股，是指收购公司通过持有目标公司的全部股份所实现的收购。

三、流程

完整的公司并购过程应该包括三大阶段：并购准备阶段、并购实施阶段及并购整合阶段。

（一）并购的准备阶段

在并购的准备阶段，并购公司确立并购攻略后，应该尽快组成并购班子。一般而言，并购班子包括两方面人员：并购公司内部人员和聘请的专业人员，其中至少要包括律师、会计师和来自投资银行的财务顾问，如果并购涉及较为复杂的技术问题，还应该聘请技术顾问。同时，对目标公司进行尽职调查显得非常重要。尽职调查的事项可以分为两大类：并购的外部法律环境和目标公司的基本情况。

对并购的外部法律环境的尽职调查首先必须保证并购的合法性。调查时还应该特别注意地方政府、部门对企业的特殊政策。目标公司的合法性、组织结构、产业背景、财务状况、人事状况都属于必须调查的基本事项。

对目标公司的尽职调查往往是一个困难和耗费时间的过程。并购方案则至少应当包含以下四方面的内容：①准确评估目标公司的价值；②确定合适的并购模式和并购交易方式；③选择最优的并购财务方式；④筹划并购议程。

（二）并购的实施阶段

并购的实施阶段由并购谈判、签订并购合同、履行并购合同三个环节组成。

1. 谈判

并购交易的谈判的焦点问题是并购的价格和并购条件，包括并购的总价格、支付方式、支付期限、交易保护、损害赔偿、并购后的人事安排、税负等。双方通过谈判就主要方面取得一致意见后，一般会签订一份《并购意向书》（或称《备忘录》）。《并购意向书》大致包含以下内容：并购方式、并购价格、是否需要卖方股东会批准、卖方希望买方采用的支付方式、是否需要政府的行政许可、并购履行的主要条件，等等。此外，双方还会在《并购意向书》中约定意向书的效力，可能会包括如下条款：排他协商条款（未经买方同意，卖方不得与第三方再行协商并购事项）、提供资料及信息条款（买方要求卖方进一步提供相关信息资料，卖方要求买方合理使用其所提供的资料）、保密条款（并购的任何一方不得公开与并购事项相关的信息）、锁定条款（买方按照约定价格购买目标公司的部分股份、资产，以保证目标公司继续与收购公司谈判）、费用分担条款（并购成功或者不成功所引起的费用的分担方式）、终止条款（意向书失效的条件）。

2. 签订并购合同

并购协议应规定所有并购条件和当事人的陈述担保。并购协议的谈判是一个漫长的过程，通常是收购方的律师在双方谈判的基础上拿出一套协议草案，然后双方律师在此基础上经过多次磋商、反复修改，最后才能定稿。

3. 履行并购合同

履行并购合同是指并购合同双方依照合同约定完成各自义务的行为，包括合同生效、产权交割、尾款支付完毕等。一个较为审慎的并购协议的履行期间一般分三个阶段：合同生效后，买方支付一定比例的对价；在约定的期限内卖方交割转让资产或股权，之后，买方再支付一定比例的对价；一般买方会要求在交割后的一定期限内支付最后一笔尾款，尾款支付结束后，并购合同才算真正履行结束。

（三）并购整合阶段

并购的整合阶段主要包括财务整合、人力资源整合、资产整合、企业文化整合等方面事务。其中的主要法律事务包括：目标公司遗留的重大合同处理。

目标公司正在进行的诉讼、仲裁、调解、谈判的处理，目标公司内部治理结构整顿（包括目标公司董事会议事日程、会议记录与关联公司的法律关系协调等），依法安置目标公司原有工作人员。

公司并购是风险很高的商业资产运作行为，操作得当可能会极大提升资产质量，提高企业的竞争力，带来经济收益；操作不当则会使当事人陷入泥潭而难以自拔。因此，公司在决定采取并购策略进行扩张之前，一定要经过审慎的判断和严密的论证；在并购的操作过程中，一定要仔细设计每一个并购阶段的操作步骤，将并购交易可能的风险降低在最低限度之内。

第六章　基础设施

第一节　证券期货交易所

证券期货交易所扮演着市场交易组织者的角色，对资本市场的稳定、有序运行，起着至关重要的作用。证券期货交易所建设，是资本市场基础设施建设中的重点工程。从成立至今，我国的证券期货交易所不断加强自身建设，已经跻身世界前列。

一、上海证券交易所

上海证券交易所（以下简称"上交所"）成立于1990年11月26日，同年12月19日开业。

主要职能：

（1）提供证券交易的场所和设施；

（2）制定证券交易所的业务规则；

（3）接受上市申请，安排证券上市；

（4）组织、监督证券交易；

（5）对会员、上市公司进行监管；

（6）管理和公布市场信息。

（一）市场规模迅速扩大

上交所市场规模不断扩大，股票市值、成交金额、融资规模等已居世界前列。截至 2010 年年底，上交所上市公司数量达到 894 家，股票总市值 17.90 万亿元，投资者开户数达 9851 万户，当年市场筹资总额 5532 亿元。

（二）蓝筹市场地位确立

蓝筹股市场建设是上交所市场建设工作的重中之重。多年以来，上交所致力于服务国民经济骨干企业，为上市公司并购重组和整体上市创造更有利的制度与市场环境，积极推动上市公司做大做强，从组织市场、监管市场、创新市场、服务市场四个方面，采取了一系列改革措施。

（三）市场竞争力显著提高

上交所从市场需求出发，不断推出创新业务。

1990 年，上交所实现证券交易电子化；1991 年，在全球率先实现股票交易无纸化；1992 年，推出全国第一只金融衍生产品——国债期货；1998 年，全国第一批证券投资基金和可转换债券上市；2004 年，推出国内首只 ETF 产品（Exchange Traded Funds），交易所交易基金是在交易所上市交易的、基金份额可变的一种开放式基金；2005 年，第一个资产证券化产品、第一只股改权证以及买断式国债回购挂牌交易；2006 年，首只分离交易可转债挂牌交易；2008 年，第一家非一元面值股票（紫金矿业）挂牌交易；2009 年，第一只地方政府债券成功上市。

《境外中资控股上市公司在境内首次公开发行股票试点办法（草案）》（以下简称《试点办法》），为红筹股回归 A 股初步确定了门槛和规范。

红筹股发行 A 股应满足四个条件。

（1）股票已在香港证交所上市交易一年以上；

（2）股票市值不低于 200 亿港元；

（3）最近三个会计年度累计净利润不低于 20 亿港元；

（4）50% 以上的经营性资产在境内，或者 50% 以上的利润来源于境内业务。

根据该规定，目前 93 只在香港上市的红筹股中，只有 21 家公司符合《试点办法》的要求，并均为大型国有企业。

（四）自律管理日趋完善

上交所重视自律管理工作，切实加强自律管理的制度和机制建设，以《证券法》《公司法》等相关法律、法规为核心，以中国证监会发布的各种规章和规范性文件为框架依据，上交所不断完善上市规则、会员管理规则和交易规则等基本自律规则，并辅之以各种细则、指引、通知等，形成了涵盖上市公司监管、会员监管和交易实时监管的自律管理规则体系。

（五）国际合作稳步推进

在三十多年发展过程中，上交所稳步推进市场开放，在合作与交流中积极吸取海外市场成功经验,为我国资本市场的改革和发展服务。早在 1991 年年底,上交所就推出以美元计价的人民币特种股票(B 股)试点。2003 年 7 月,上交所开始接受合格境外机构投资者(QFII)投资沪市证券。

(六)全球领先的技术设施体系

上交所始终坚持将技术基础设施建设作为工作重点,技术水平一直处于国际领先地位。

二、深圳证券交易所

1990 年 12 月 1 日,深圳证券交易所(以下简称"深交所")诞生于中国改革开放的最前沿——深圳经济特区。自成立以来,深交所努力开拓创新,不断成长壮大。近年来,深交所致力于建设多层次资本市场体系,服务中国经济发展与转型,支持自主创新国家战略实施。

主要职能:

(1)提供证券交易的场所和设施;

(2)制定本所业务规则;

(3)接受上市申请、安排证券上市;

(4)组织、监督证券交易;

(5)对会员和上市公司进行监管;

(6)管理和公布市场信息;

(7)中国证监会许可的其他职能。

深交所的组织结构见图6.1。

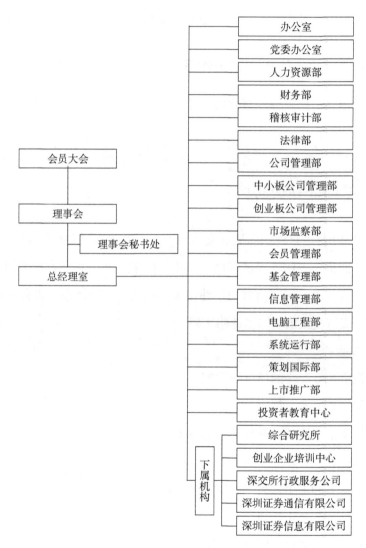

图6.1　深圳证券交易所组织结构图

（一）发展历程

1990—1995 年，深交所率先提出"以法规为本构建证券市场运作体系"，逐步建立起上市、交易、监管等基本制度架构。

1995—1997 年，深交所应市场发展与变革需求，对交易、监察、登记、结算等市场基础架构实施了重大变革，实现了深市从区域性到全国性市场的跨越式成长。

1997—1999 年，深交所适应证券市场监管体制变化，不断完善规则制度，强化产品创新和研究支持，完成了深市由试验性探索到规范化运作的转变。

1999 年以来，深交所建设多层次资本市场体系，维护投资者合法权益，全面实施中小企业培育工程，积极推进制度、产品、技术、服务创新。

2004 年 5 月，中小企业板设立。

2006 年 1 月，中关村科技园区非上市股份有限公司股份报价转让试点启动。

2009 年 10 月，创业板正式推出。

（二）发展现状

深交所快速成长，特色突出，显示了较强的活力。

1. 活跃而开放的新兴市场

经过多年不懈努力，深交所初步建立起包括主板、中小企业板、创业板在内的多层次资本市场体系，为非上市公众公司股份报价转让提供技术与发展支持，深圳证券市场成为备受关注的新兴市场。

2. 市场功能作用日益加强

随着深市主板持续做优做强、中小企业板快速发展、创业板平稳推出以及场外市场逐步完善，多层次资本市场体系在服务中小企业与自主创新，促进经济发展方式转变与战略性新兴产业发展，以及解决劳动就业、协调区域发展、带动民间投资等方面的支持、引导和示范作用不断加强。

3. 深化培育服务，拓展发展空间

深交所全方位实施中小企业培育工程，为最具发展潜力的企业提供了开放式、系统化、多层次培训和培育支持。

三、中国金融期货交易所

中国金融期货交易所（以下简称"中金所"）是目前中国境内唯一一家从事金融期货、期权交易的公司制交易所。中金所由上海期货交易所、郑州商品交易所、大连商品交易所、上海证券交易所和深圳证券交易所共同发起，于2006年9月8日在上海正式挂牌成立。中金所第一只产品——沪深300股指期货合约，于2010年4月16日正式上市交易。

（一）明确职能定位，把握发展目标

中金所的主要职能：

（1）组织安排金融期货等金融衍生品上市交易、结算和交割；

（2）制定业务管理规则；

（3）实施自律管理；

（4）发布市场交易信息；

（5）提供技术、场所、设施服务；

（6）中国证监会许可的其他职能。

中金所的组织结构见图6.2。

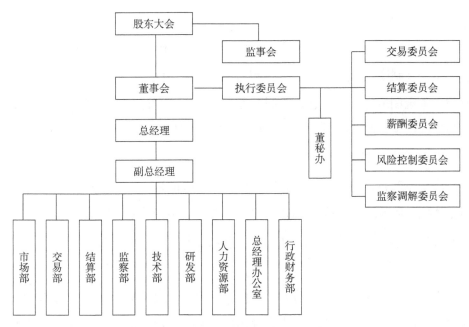

图 6.2　中国金融期货交易所组织结构图

（二）完善规则制度，运作规范有序

中金所采取了一系列措施，加强基础性制度建设，不断完善管理，保障金融期货市场的健康稳定运行。

1. 业务规则体系

作为金融期货交易的组织者，中金所在《期货交易管理条例》和中国证监会出台的一系列配套法规的基础上，借鉴国内商品期货和境外金融期货市场成熟经验，制定了有关交易规则、实施细则、业务指引等一整套规范性文件，为开展股指期货交易提供了法律基础。

2. 风险控制体系

以风险防范为核心，中金所建立了包括保证金制度、当日无负债结算制度、结算担保金制度、持仓限制制度、涨跌停板制度、强行平仓制度、强行减仓制度、风险准备金制度、大户持仓报告制度等在内的一整套符合中国市场实际情况的风险控制制度，严控市场风险，维护正常交易秩序。

3. 会员分级结算

中金所实行会员分级结算制度，形成多层次的风险控制体系，强化了交易所整体抗的风险能力。截至 2010 年年底，中金所共有会员 133 家。其中，全面结算会员 15 家，交易结算会员 61 家，交易会员 57 家。

4. 全电子化交易

中金所采取全电子化交易方式，在借鉴国内外交易所先进技术成果和设计理念的基础上，建立了一个结构合理、功能完善、运行稳定的金融期货信息系统（FFIS）。

5. 现代企业管理机制

作为国内第一家公司制交易所，中金所自成立以来，始终严格按照现代企业制度的要求，不断加强交易所法人治理建设，努力提升交易所管理水平。目前，中金所已建立起包括股东大会、董事会、监事会和经理层在内的一整套规范制衡的内部治理结构。

四、上海期货交易所

上海期货交易所于 1999 年由上海金属交易所、上海粮油期货交易所与上海商品交易所合并成立，目前有会员二百多家，其中期货经纪公司会员占 80% 以上，在全国各地开通远程交易终端三百多个，指定了一百多家国内外企业的产品为期货交割品牌，并在全国指定了八十多个仓库为期货交割仓库。

上海期货交易所组织结构：

（1）总经理为交易所法定代表人；

（2）交易所设有办公室、新闻联络部、发展研究中心、金融期货事业部、国际合作部、市场部、交易部、交割部、结算部、信息部、监察部、技术部、法律事务部、人力资源部、财务部、行政部、驻北京联络处等 17 个职能部门。

（一）发展现状

上海期货交易所目前上市交易的有黄金、铜、铝、锌、燃料油、天然橡胶、螺纹钢、线材 8 种期货合约，涵盖能源、化工、基础金属、贵金属等几大产品系列。2010 年，上海期货交易所上市期货合约年成交量达到 12.44 亿手，同比增长 43%，成交量和成交金额分别占全国的 40.89% 和 54.40%。

（二）履行一线监管职责，创建安全有序高效的市场机制

上海期货交易所遵循"夯实基础、深化改革、推进开放、拓展功能、加强监管、促进发展"的方针，严格依法组织交易，切实履行市场一线监管职责，致力于创建安全、有序、高效的市场机制，营造公开、公平、公正和诚信透明的市场环境。

五、大连商品交易所

大连商品交易所（以下简称"大商所"）成立于 1993 年 2 月 28 日。自成立

以来，大商所规范运营，稳步发展，已经成为重要的商品期货交易中心之一。

大连商品交易所组织结构如下：

（1）会员大会是交易所的权力机构，由全体会员组成。

（2）理事会是会员大会的常设机构，现有副理事长1人。理事会由13名理事组成，其中会员理事为9名、非会员理事为4名。

（3）理事会下设监察、交易、工业品种、农业品种、会员资格审查、调解、财务、技术8个专门委员会。

（4）交易所设有总经理办公室、理事会办公室、战略规划办公室、研究中心、系统规划办公室、交易部、农业品事业部、工业品事业部、清算部、技术运维中心、新闻信息部、国际合作部、产业拓展部、会员服务部/期货学院、法律事务部、监察部、财务部、人力资源部、审计部和纪检监察办公室等20个职能部门。

（5）3个派出机构：北京发展与服务总部、上海发展与服务总部、广州发展与服务总部。

（6）2个直属单位：大连飞创信息技术有限公司、大连商品交易所行政服务有限公司。

（一）发展现状

截至2010年年底，大商所上市交易的有玉米、黄大豆1号、黄大豆2号、豆粕、豆油、棕榈油、线型低密度聚乙烯（LLDPE）和聚氯乙烯（PVC）8个期货品种。

1.交易规模稳步增长

从1993年开业至2010年年底，大商所累计成交期货合约38.04亿手，累计成交额146.56万亿元，累计实现实物交割1332万吨。

1998 年以来成交量和成交额年均增长率分别为 33% 和 41%。

截至 2010 年年底，大商所共有会员 188 家。

2. 市场地位不断提高

自成立以来，大商所规范运营、稳步发展，已经成为我国重要的期货交易中心。截至 2012 年年末，大商所共有会员 178 家，指定交割库 91 个，2012 年期货成交量和成交额分别达 12.66 亿手和 66.64 万亿元。根据美国期货业协会（FIA）公布的全球主要衍生品交易所成交量排名，2012 年大商所在全球排名第 11 位。

（二）开拓创新，不断进取

在成长过程中，大商所以市场需求为导向不断扩展新视野，在实践中不断开拓创新，较好地满足了会员单位和投资者的市场需求。

1. 制度创新

大商所率先实行了梯度增加保证金制度、厂库交割制度、套利交易制度，建立了有效防范市场风险的强平强减制度。

2. 技术进步

大商所不断完善技术系统建设，进行了六代更新。

3. 市场拓展

2005 年，大商所开展了"千村万户"市场服务工程，在国内首次通过有计划、大规模的活动服务"三农"；2008 年，大商所又推出"千厂万企"市场服务工程，联合会员单位，帮助产业企业合理利用期货市场。

4. 国际交流

通过加入美国期货业协会（FIA）、英国期货期权协会（FOA）等国际权威机构，扩大了交易所的影响力；与全球 16 家交易所签署了合作谅解备忘录，与全球 48 家交易所建立了联系。

六、郑州商品交易所

1990 年 10 月 12 日，经国务院批准，我国第一家期货交易试点单位——郑州商品交易所开业，标志着新中国期货市场的诞生。自成立以来，郑州商品交易所（以下简称"郑商所"）坚持解放思想，积极改革创新，维护"三公"原则，不断完善基础性制度建设，为实体经济发展做出了积极贡献。

郑商所曾先后推出小麦、绿豆、芝麻、棉纱、花生仁等期货交易品种，目前经中国证监会批准交易的品种有小麦、棉花、白糖、精对苯二甲酸（PTA）、菜籽油、早籼稻等期货品种，其中小麦包括优质强筋小麦和硬冬白（新国标普通）小麦。

会员大会是郑商所的权力机构，由全体会员组成；理事会是会员大会的常设机构，下设监察、小麦交易、交割、财务、调解、会员资格审查、技术委员会 7 个专门委员会，理事会办公室是理事会的常设办事机构。

郑商所内设综合部、交易部、结算部、系统运行部、交割部、市场一部、市场二部、市场三部、期权部、财务部、稽查部、研发部等 12 个职能部门。

第二节　证券登记结算体系

在中国资本市场快速发展的过程中，证券登记结算体系作为支撑资本市场运行的重要基础设施，发挥了不可替代的重要作用。经过不断改革与创新，我国登记结算系统的安全性与效率走在了全球市场的前列。

一、证券登记结算体系的创立

证券登记结算体系是资本市场运行的重要条件。我国的证券登记结算体系不断完善，促进了资本市场的发展。

证券登记结算体系的职能有以下七个方面。

第一，证券账户、结算账户的设立和管理。投资者在从事证券交易之前，必须向证券登记结算公司提交有关开户资料，开立证券账户后，才可以从事证券交易。通常由证券公司等开户代理机构代理证券登记结算公司为投资者开立证券账户。证券公司直接为投资者开立资金结算账户。证券登记结算公司仅为证券公司开立结算账户，结算账户专用于证券交易成交后的清算交收，具有结算履约担保作用。

第二，证券的存管和过户。在无纸化交易模式下，投资者持有的证券必须集中存入证券登记结算系统，以电子数据划转方式完成证券过户行为。

第三，证券持有人名册登记及权益登记。证券登记结算公司根据与发行人签订的协议，为证券发行人提供证券持有人名册登记服务，准确记载证券持有人的必要信息。

第四，证券交易所上市证券交易的清算、交收及相关管理。证券的清算和交收统称为证券结算，包括证券结算和资金结算。证券交易所上市证券的清算和交收由登记结算公司集中完成，主要模式为：证券登记结算公司作为中央对手方，与证券公司之间完成证券和资金的净额结算。

第五，受发行人委托派发证券权益。登记结算公司可以根据发行人的委托向证券持有人派发证券权益，如派发红股、股息和利息等。

第六，办理与上述业务有关的查询、信息、咨询和培训服务。

第七，国务院证券监督管理机构批准的其他业务。如为证券持有人代理投票服务等。

（一）证券登记结算体系的历史沿革

深、沪市场分别于 1991 年 1 月和 1993 年 3 月成立了深圳证券登记有限公司和上海证券中央登记结算公司，成为向交易所市场提供登记结算服务的专业机构。

1997 年中国证监会对证券交易所实行垂直管理。

2001 年 3 月，经国务院同意和证监会批准，中国证券登记结算有限责任公司成立，原沪、深两个登记结算机构则改制为中国证券登记结算公司的上海、深圳分公司。

从 2001 年 10 月 1 日起，中国结算公司承接了沪、深交易所市场全部登记结算业务。至此，全国集中统一证券登记结算体制的组织架构初步形成。

（二）证券登记结算体系的重大发展

随着我国证券市场突飞猛进的发展，证券登记结算体系从最初"一户一票"的手工实物清算交割，到今天的证券全部无纸化集中存管和资金法人结算，技术支持手段不断提高，风险防范体系逐步建立，中国证券登记结算体系正向着国际领先水平靠拢。

1. 证券无纸化

证券交易所设立不久，沪深证券交易所迅速推行了证券无纸化，要求新上市公司不得印制纸质股票，从发行阶段就将证券记入投资者证券账户中。到1993年年底，沪深证券交易所上市公司均不再印制纸质股票。

2. 法人结算的推行

自1998年起，证券登记结算公司开始正式推行法人结算，证券公司以法人名义集中在证券登记结算公司开立资金交收账户。

3. 自动化直通处理

随着计算机和网络技术的发展和应用，登记结算系统的电子化程度不断提高，逐步建立了网上服务平台，实现了业务办理和服务的直通处理。

4. 证券账户规范管理

2007年8月，按照证监会的统一部署，账户规范工作全面启动，为证券市场的规范运作提供了基础性支持。

5. 结算风险管理制度的完善

中国结算公司设立后，加快推行货银对付机制、完善结算备付金制度等风险管理制度。

二、证券登记结算体系现状

我国的证券登记结算体系，以相关法律法规为基础，以先进信息技术手段为依托，以服务市场发展为宗旨，日臻完善，已成为支撑资本市场规范、有序运行的重要支柱。

（一）证券登记结算法制建设

目前，我国资本市场形成了以《证券法》为基石，以《证券登记结算管理办法》为依托，包含《证券登记规则》《结算参与人管理规则》《证券账户管理规则》等业务规则的证券登记结算法律体系。较为完备的证券登记结算法律体系提高了证券登记结算系统的运行效率，增强了证券登记结算机构的风险防范能力，保障了证券登记结算系统的安全运营。

（二）证券登记结算技术系统建设

中国证券市场采用无纸化、电子化交易和结算。经过多年的发展，信息技术已为证券登记结算体系的发展提供了坚实的基础，不仅提升了证券登记结算系统的处理能力、风险防范能力，而且为各类业务创新、市场监管提供了有力支持。

（三）证券登记结算业务发展

根据《证券法》《证券登记结算管理办法》等法律、部门规章的规定，中国结算公司相继开展了证券账户管理、证券登记存管、登记结算业务、开放式基金登记结算业务以及其他一些创新服务，有力地支撑着证券市场平稳运行。

（四）证券结算风险管理体系

证券登记结算系统的安全运行，是我国资本市场稳定发展的基本保障。我国资本市场已经构建了覆盖事前、事中和事后的一整套较为完善、有效的结算风险管理制度体系，适应了我国资本市场现阶段发展要求。

第三节　信息系统

中国资本市场建立与快速发展之际，正是信息技术和通信技术高速发展之时。证券期货业充分利用先进的技术手段，建成了全电子化的交易结算系统，支持了市场规模的迅速扩大和业务的创新发展，保障了资本市场的高效运转。信息系统已成为资本市场重要的基础设施，信息技术已成为行业各机构的生存基础和核心竞争力。在大力推进信息化建设的同时，证券期货业不断提高信息系统抗风险能力和安全保障水平，维护了信息系统的安全稳定运行。

一、信息系统建设历程

在信息系统建设方面，我国资本市场取得了举世瞩目的成就，走在了全球资本市场的前列。自动化交易、无纸化登记结算、交易席位的无形化，以及交易风险实时监控系统的运用，加速了我国资本市场的发展。

（一）交易系统的功能和性能不断增强，形成了自动化的交易方式

交易撮合是证券期货交易的核心环节，决定了市场的运行方式和效率。中国资本市场创建之初，就积极采用先进技术，高起点地发展场内电子化交易方式。在随后的发展中，各证券、期货交易所积极研究新技术，不断优化系统架构，提高了系统的稳定性、可靠性与扩展性，采用新的撮合技术，不断提高交易系统处理能力，适应了我国资本市场中小投资者多、交易笔数多的特点。

（二）建立集中统一的登记结算系统，实现了登记结算的无纸化

1992 年 12 月，深圳证券登记公司建立了异地登记结算系统，搭建了拨号通信网络平台，"中央结算与分布式登记的结算体系"基本形成。1993 年 3 月，上海证券中央登记结算公司成立，连接各结算参与人的远程数据通信网络开通，上海市场证券无纸化登记结算体系初步建立。

（三）建立行业通信专网，促进了交易席位的无形化

上海、深圳证券交易所在成立时均采用了交易大厅有形交易席位报盘的交易模式。1997 年 9 月，上海证券交易所采取了有形与无形相结合，无形席位为主的方式。1997 年 6 月 2 日，深圳证券交易所正式宣布取消交易大厅，有形席位退出深圳证券市场。

（四）建立交易风险实时监控系统，有效防范市场风险

1995 年发生的"3.27"国债期货事件，使整个市场认识到交易风险监控的重要性。上海证券交易所开始建立监察系统，对市场交易进行实时监察；深圳证券交易所在 1996 年 12 月实现了一期交易前端风险监控，对证券公司席位股份账户进行实时监控，有效地杜绝了恶性卖空事件；1997 年 10 月，二期前端风险监控程序上线，实现了对证券公司席位上的托管股份明细账监控，消除了卖空行为对结算系统的影响。

二、证券期货经营机构交易结算系统快速发展

证券期货经营机构的交易结算系统，是整个资本市场信息技术系统的重要

组成部分。证券期货经营机构的交易结算系统快速升级，极大地提高了交易结算效率，拓宽了投资者的交易渠道，有力地促进了我国资本市场的发展。

（一）证券公司实现信息系统"大集中"

2006 年 8 月，中国证券业协会发布了《证券公司集中交易安全管理技术指引》，全面推动证券公司建设集中交易系统，实现了客户数据、委托处理、清算与交收、权限管理和运行管理的集中化，有效地提升了证券公司的信息化水平，促进了证券公司风险控制能力的提高。

（二）期货公司交易结算系统日益完善

随着期货市场规模的不断扩大，期货公司逐步建成了能进行实时风险控制和盘后结算的交易结算系统，实现了全电子化交易，交易结算系统的性能与功能得到显著提升。

（三）基金公司信息系统快速发展

开业初期，基金管理公司普遍沿用证券公司的各种信息系统。2000 年年底，随着开放式基金业务的推出，基金投资者队伍和基金规模不断扩大，基金品种不断增多，基金行业的信息系统也随之不断完善。

（四）投资者交易渠道不断丰富

随着 3G 等无线通信技术的发展，以智能手机、平板电脑为载体，移动网络开辟了投资者委托的新渠道，通过手机等移动终端查看行情、委托交易的投资者日益增多，移动证券成为具有很大发展空间的重要交易方式。

三、行业信息系统安全稳定运行

市场早期发生的技术故障，使全行业认识到系统中断或者数据丢失将会损害投资者公平交易的合法权益，影响资本市场的平稳运行，有必要加强技术监管，防范技术风险。近年来，国内外信息安全形势日趋严峻，给资本市场信息安全工作带来了严峻挑战。面对新的形势，全行业高度重视信息安全，全力开展信息安全工作，保障了信息系统的安全平稳运行。

（一）制定技术规章、技术标准和行业信息安全规划

1997 年以来，证券期货业陆续出台了多部信息技术规章和指引，逐步形成了层次分明、结构清晰的技术规章体系，推动了行业信息安全管理工作的开展。

（二）加强信息安全组织，保障体系和基础设施建设

在建章立制的同时，信息安全组织保障体系和基础设施建设也得到了加强。

（三）全面推动行业机构开展信息技术治理

2008 年，中国证券业协会和中国期货业协会联合发布了《证券期货经营机构信息技术治理工作指引（试行）》，推动行业开展信息技术治理工作。随着信息技术治理的不断深入，经费和人员投入的不断增加，行业机构的信息安全保障水平有了显著提高。

（四）开展消除突出风险隐患的专项行动

近年来，证券期货行业多管齐下，进行信息安全技术攻关，开展信息安全

专项检查、打击网上犯罪等一系列行动，保障了交易结算系统的安全稳定运行。

（五）不断提高行业信息安全应急管理水平

为有效应对技术故障、人为失误、网络攻击、灾难灾害和突发事件对信息安全带来的挑战，2008 年以来，证券期货行业着力提高应急处置能力，最大限度地保持了信息系统的安全运行。

（六）开展行业信息安全等级保护工作

2007 年以来，根据公安部的统一部署，全行业开展了信息安全等级保护定级、备案、整改等一系列工作，逐步将行业信息安全等级保护工作推向深入。

（七）建立信息安全状况与业务资格挂钩的联动机制

为加强风险管控，近年来，证监会及派出机构加强了信息安全日常监管工作，对技术风险较高的行业机构进行了重点督导，并实行了信息安全状况与业务资格挂钩的办法。

第七章　主要制度

第一节　发行上市制度

一、我国股票发行制度的演变

我国股票发行制度主要经历了从"审批制"到"核准制"的演变过程。

（一）审批制（即额度制）

自从 20 世纪 80 代初期股份制改造开始，到建立沪深证券交易所之后，长达十几年近二十年时间（2001 年 3 月 16 日以前）里，我国公开股票发行制度一直采用"审批制"。

审批制是与计划经济管理体制相适应的发行制度，它有以下三个主要特点。

（1）政府及监管部门对每一年股票市场发行的规模、数量采取"双重额度控制"（额度制）。

（2）上市公司的选择与推荐主要是由地方政府、行业主管部门根据发行额度决定，中介部门只负责包装上市，收取中介费用，很少承担责任。地方政府、行业主管部门对股票公开发行干预力很强，常常只考虑局部利益，很少对投资人负责。

其结果最终表现为：① 上市公司质量普遍较差；② 存在许多虚假上市公司，有些遗留问题直到目前也没有完全解决。

（3）在股票发行定价方式上较多采取行政干预方式，没有询价制度。

新股发行价格 ＝ 每股税后利润 × 发行市盈率

显然，新股发行价格主要取决于每股税后利润和发行市盈率两个因素。

公司在股票发行的数量、发行价格和市盈率方面完全没有决定权，基本上由证监会确定，采用相对固定的市盈率。（市盈率 ＝ 普通股每股市价 / 普通股每股收益，早期一般控制在 13 倍左右，1995—1999 年一般控制在 20 倍左右，2001 年以后一般平均市盈率为 30 倍左右。）

每股税后利润也经历几种不同的算法。

（1）从 1995 年年底到 1997 年 2 月底，每股税后利润 ＝ 发行公司前一年及预测年度平均每股税后利润。这种方法虽然考虑了公司现在和未来的盈利能力，但容易出现调节财务报表的现象。

（2）从 1997 年 3 月到 1998 年 2 月，每股税后利润 ＝ 发行公司过去三年平均每股税后利润。这种方法可以在一定程度上减少公司发行过度包装、夸大盈利预测的现象，但忽略了公司的未来发展前景，容易造成高成长公司的定价低估和业绩急速滑坡公司的定价高估。

（3）从 1998 年 2 月到 1999 年 3 月，每股税后利润 ＝ 预测利润 / 发行当年加权平均股本数 ＝ 发行当年预测利润 /[发行前总股本 ＋ 本次公开发行数 ×（12-发行月份）/12]。这种方法既关注未来的业绩，又考虑了发行当时的情况。为避免人为操纵预测利润，证监会还规定：若年报利润比盈利预测低 20% 以上的，除了要做出公开解释和道歉外，证监会还将根据情况实行事后审查，对有意出具虚假盈利报告的责任人进行处罚。

（4）从 1999 年 3 月以后，以《股票发行定价分析报告指引》为界限，发行定价考虑：行业状况（行业概况、行业发展前景）、公司现状与发展前景分析、二级市场分析（沪市、深市最近 15 个交易日与最近 30 个交易日的平均市盈率，本行业上市公司的市场分析），需要详细说明发行价格的测算方法、二级市场的定位、商定的发行价格和市盈率倍数。这种方法充分考虑了公司的现状和未来，并将二级市场同类公司作为参考，具有很强的操作性。

（二）核准制

核准制，也称"准则主义""实质审核主义""实质管理原则"或者"优劣管理制"，是指证券的发行不仅以发行人对真实状况的公开为满足条件，还要求必须合乎一定的实质条件。也就是说，国家通过《公司法》或《证券法》授权证券主管机关就证券的发行做出实质性的规定，发行证券必须符合这些要求。证券主管机关不仅要审查发行人所申报的信息资料的全面性、真实性和准确性，而且还要审查所发行证券的投资价值是否符合有关要求。

核准制的核心在于证券主管机关不仅要审核发行人申报材料的合法性、真实性，还要审核发行人的业绩状况，即不仅要进行发行的形式审查，还要进行发行的实质审查，即对准备发行证券的性质、价值进行准确的判断，以确定这只证券是否可以发行。对于认定不符合发行条件的证券，或在认为对于证券市场投资人的保护有一定危险的情况下，做出否定意见，即不核准该证券的发行。核准制适合处于初级发展阶段的证券市场。

我国的具体情况：为了克服审批制弊端，同时也为了与国际惯例接轨，1999 年 9 月 16 日中国证监会根据《证券法》第十条规定推出"股票发行核准制实施细则"，2000 年 3 月 16 日证监会发布了修订后的《股票发行核准程序》，2001 年月 15 日证监会修订"信息披露准则"第 1 号和第 7 号。2001 年 4 月 19 日"用友软件股份有限公司"（600588）成为我国第一家采用核准制公开发行股票的公司。

与审批制相比较，核准制具有以下五个特点。

（1）取消额度限制，股票发行量由市况好坏决定（市况主要是指二级市场的状况），也就是通常所说的"市场化发行"。

（2）实行保荐人制度，由券商"取代"地方政府、行业主管部门的职能作为公司上市的推荐人，增加中介机构的权力和责任，减少地方政府行政干预。此种做法有利于提高上市公司的质量、有助于退市机制的尽快建立，同时信息不对称局面也将得到改善。原先的审批制下，没有企业主管部门或者地方政府的批准，企业就搞不到额度、指标，无法进入上市程序。证券中介机构的作用得不到充分的发挥。企业为了上市，不惜弄虚作假，包装达标。而在核准制下，由于证券中介机构承担了重要责任，中介机构特别是投资银行将会认真起来，遴选、辅导、保荐、询价等都会按照市场规律去做，这有助于上市公司质量的提高。由于审批制的存在，使得证券市场上的 ST、PT 公司等绩差公司的"壳"资源珍贵起来。实行核准制后，优质企业发行上市的成本大大降低。有实力的企业不会为了上市再去收购、重组一个烂"壳"。这样，一些连年亏损的公司将失去"壳"的美丽光环，一旦重组无望，扭亏无门，只能退出证券市场。实行核准制后，证券监管部门以强制信息披露作为监管重点，发行公司要按照投资者的要求，充分、准确、完整、及时地进行信息披露，做到公开、公平、公正。

改善中小投资者与上市公司之间的信息不对称局面。

（3）强化证监会的监管职能。核准制下，证监会的主要职责是：市场具体法规建设，查处违规行为，公司信息披露的日常监督和检查。

（4）要求公司在上市之前必须接受保荐机构为期1年的辅导，其目的是按照上市公司的要求规范运作。

（5）股票发行定价方式发生变化，采用询价制。通过向机构投资者网上询价的方式确定股票最终发行价格。

核准制的局限性（或者存在的问题）体现在以下四个方面。

（1）发行审核权与发行审核责任二者之间的矛盾。《证券法》将股票发行核准的权力授予了国务院证券监督管理机构（中国证监会 CSRC），并明确规定了违法核准发行证券应承担的法律责任，但这并未解决核准发行的股票给投资者造成损失的责任分担问题。因为，在"实质性审查"下不少质量低劣的公司仍然可以蒙混过关。如何使审核机构的发行审核权与发行审核责任对等仍然是一个棘手的问题。

（2）额度控制与否之间的矛盾。我国的市场经济在自由度、开放度、竞争度等方面还存在着明显的不足，市场资源（尤其是资本）的稀缺性对我国市场经济发展的制约作用在短时期内很难消除，资源争夺战将会愈演愈烈。然而，我国证券市场的现状又很难接纳全部符合条件的公司发行股票，因此，在核准制下，额度控制与否的矛盾始终很难解决。

（3）审核的预期效果与实际效果的矛盾。设立发审委的前提是假定发审委有足够的能力辨别公司好坏，帮助投资者把好最后一关。但事实上，发审委很难仅从材料上对公司质量优劣进行判断。"以投资者利益为重"在层出不穷的IPO上市公司违规行为面前成了一句空泛的口号。

（4）不利于培育成熟的投资者，也是政府和证券监管部门处于矛盾的焦点，因为，在核准制下投资者极易滋生对核准机构的依赖心理，错误地认为经过核准发行的股票一定具有较高投资价值，而自己不去进行投资判断，一旦因此招致投资者的投资损失，审核机构可能成为投资者斥责的对象。

造成核准制局限性的原因分析主要有以下两点。

（1）发审委委员专业知识的局限。发审委委员专业知识的局限使得他们对公司各种状况不可能全部了解。因为要真正全面深入地了解和把握一家发行公司的基本情况，需要发审委成员具备多方面的知识。比如懂财务的发审委委员可能不懂企业所在行业方面的情况，懂财务的发审委委员可能不一定懂法律等。

（2）审阅时间的限制。根据规定，发审委委员可以提前5天获得被审核公司的相关资料。而拟发行新股公司上报的审核材料是由投行人士、注册会计师、律师和相关部门经验丰富的专业人士经过反复修改形成的，形成这份书面材料需要一至两年甚至更长的时间，但给予委员消化这份材料的时间只有5天，相比之下委员们想对公司诸如业绩是否真实等实质性问题发表看法，可谓难上加难。

二、注册制

注册制是与核准制相对应的一种股票发行制度。注册制也叫做"信息公开制"，证券主管机关对证券发行人发行有价证券不作实质条件的限制，发行人在发行证券时只需全面、准确地将投资人为判断证券性质、投资价值所必需的重要信息和材料进行充分的公开，经证券主管机关确认公开的信息全面、真实、准确即可允许其发行。也就是说，某种证券只要按照发行注册的一切手续，提供了所有情况和统计资料，经证券主管机关对实施形式要件审查并合格后予以注册，即可公开发行。

注册制强调公开原则，即发行人必须真实、客观、全面地反映公司的一切资料，并向社会公开，以供投资者了解、判断、选择。其法理依据就是"理性经济人"理论，很显然注册制市场化程度较高，像商品市场一样，只要将产品信息真实全面地公开，至于产品能否卖出去，以什么价格卖出去，完全由市场需求来决定。当然，这种发行审核制度对发行方、券商、投资者的要求都比较高。

它与核准制相比，主要有以下差异。

（1）注册制门槛要低一些，不要求发行人有连续三年的盈利记录，风险较高公司的股票（比如亏损公司）也可以上市发行。但核准制下一般要求公司必须有连续盈利记录。

（2）注册制下，证券监管部门只对发行人申请文件的真实性、准确性进行审查，只要真实、完整，符合证券登记要求，就可以注册登记，不对其投资价值进行评判。核准制下，证券监管部门虽然对股票投资价值仍然不做任何担保，但要对发行人上市的"合适性"进行评判，将质量不高的公司排斥在市场之外。

（3）注册制一般适合资本市场比较发达的国家和地区，核准制适合发展中国家新兴的证券市场。

三、国内 IPO 的基本程序

（一）核准制下的基本工作程序

1. 发行人自主选择承销的证券公司

公开发行证券的发行人从公司发展战略和寻求发行上市需求出发，自主选择其有主承销资格的证券公司担任发行推荐人和主承销商。中国证券业协会 2000 年发布了《信誉主承销商考评试行办法》，规定由证券发行人、证券投资基金管理公司、证券公司、会计师事务所、律师事务所以及中国证监会按统一标准，对具有主承销资格的证券公司进行考评。积分前 8 位的授予"信誉主承销商"，中国证监会将对其发行承销业务优先受理。

2. 主承销商负责推荐发行公司

担任主承销商的证券公司，向中国证监会推荐发行人，并对所出具的推荐函、尽职调查报告承担相应责任。对于主承销首次公开发行股票及进行重大重组的上市公司增发或配股的，证券公司应履行其对发行人的上市辅导义务。在一年的辅导期内，需要帮助企业完善法人治理结构，建立健全财务制度，熟悉上市公司信息披露规则，对企业董事、监事和高级管理人员提供顾问服务等。担任主承销商的证券公司应当成立内核小组，并按内核程序对决定推荐发行的公司出具推荐函。要明确推荐意见及其理由，正确评价发行人发展前景，阐明有关发行人是否符合发行上市条件及其他有关规定，揭示发行人的主要问题和风险等。对于发行人的不规范行为，证券公司应要求其整改，并将整改情况在尽职调查报告或核查意见中予以说明。担任主承销商的证券公司应当在发行完成当年及其后的 1 个会计年度发行人年度报告公布后 1 个月内，对发行人进行回访，就其募集资金的使用情况、盈利预测实现情况、是否严格履行公开披露文件中所做出的承诺及经营状况等方面是否与推荐函相符等进行核查，出具回访报告。

3. 发行审核委员会审查发行申请文件

中国证监会受理申请文件后，对发行人申请文件的合规性进行初审、并在 30 日内将初审意见函告发行人及其主承销商。主承销商自收到初审意见之日起，

10 日内将补充完善的申请文件报至中国证监会。中国证监会对按初审意见补充完善的申请文件进一步审核，并在受理申请文件后 60 日内，将初审报告和申请文件提交发行审核委员会审核。

中国证券监督管理委员会设立股票发行审核委员会，依照法定条件审核股票发行申请，以投票方式对股票发行申请进行表决，提出审核意见。发行审核委员会依法履行职责，独立发表审核意见并享有表决权，不受任何单位和个人的干涉。

4. 国务院证券监管机构依法负责核准

发行审核委员会提出审核意见后，中国证监会对发行人申请做出核准或不予核准的决定。予以核准的，出具核准公开发行的文件；不予核准的，出具书面意见，说明不予核准的理由。中国证监会自受理申请文件到做出决定的期限为 3 个月。发行申请未被核准的企业，接到中国证监会书面决定之日起 60 日内，可提出复议申请。中国证监会收到复议申请后 60 日内，对复议申请做出决定。

5. 发行人到证券市场筹资

发行人获准发行股票后，将与承销商依据公司价值和一级市场供求状况，协商确定股票发行价格。发行定价和发行方式都将更多地吸取国际市场的经验，趋于多样化和市场化。

（二）核准制下公司上市的具体程序

按照证监会 2006 年 5 月 6 日发布的《上市公司证券发行管理办法》第四章"发行程序"规定，IPO 的具体程序如下。

1. 改制阶段

股份有限公司改制并发行上市是一项复杂、烦琐的系统工程，公司应该聘请证券公司、会计师、律师等中介机构为公司设计改制、发行方案并办理具体事宜。资产的处置、债务剥离、股权界定、法人治理结构建立等重要事项都要在改制时一步到位，为公司发行上市铺平道路。一旦出现疏漏，公司还可以在发行前的辅导期内逐步整改解决，但重大的股权、资产、业务、管理层变动将不可避免地导致公司发行时间的延后，加大发行的系统风险。

公司改制所涉及的主要中介机构有：证券公司、会计师事务所、资产评估机构、土地评估机构、律师事务所。

（1）改制阶段各有关机构的工作内容。

拟改制公司：拟改制企业一般要成立改制小组，公司主要负责人全面统筹，小组由公司抽调办公室、财务及熟悉公司历史、生产经营情况的人员组成，其主要工作包括：全面协调企业与省、市各有关部门、行业主管部门、中国证监会派出机构以及各中介机构的关系，并全面督察工作进程；配合会计师及评估师进行会计报表审计、盈利预测编制及资产评估工作；与律师合作，处理上市有关法律事务，包括编写公司章程、承销协议、各种关联交易协议、发起人协议等；负责投资项目的立项报批工作和提供项目可行性研究报告；完成各类董事会决议、公司文件、申请主管机关批文，并负责新闻宣传报道及公关活动。

券商（证券公司）：制订股份公司改制方案；对股份公司设立的股本总额、股权结构、招股筹资、配售新股及制定发行方案并进行操作指导和业务服务；推荐具有证券从业资格的其他中介机构，协调各方的业务关系、工作步骤及工作结果，充当公司改制及股票发行上市全过程的总策划与总协调人；起草、汇总、报送全套申报材料；组织承销团包销或者余额包销 A 股，承担 A 股发行上市的组织工作。

会计师事务所：对各发起人的出资及实际到位情况进行检验，出具验资报告；负责协助公司进行有关账目调整，使公司的财务处理符合规定；协助公司建立股份公司的财务会计制度、财务管理制度；对公司前三年经营业绩进行审计，以及审核公司的盈利预测；对公司的内部控制制度进行检查，出具内部控制制度评价报告。

资产评估事务所：在需要的情况下对各发起人投入的资产进行评估，出具资产评估报告。

土地评估机构：对纳入股份公司股本的土地使用权进行评估。

律师事务所：协助公司编写公司章程、发起人协议及重要合同；负责对股票发行及上市的各项文件进行审查；起草法律意见书、律师工作报告；为股票发行上市提供法律咨询服务。

（2）确定改制方案。

券商和其他中介机构向发行人提交审慎调查提纲，由企业（发行人）根据提纲的要求提供文件资料。通过审慎调查，全面了解企业各方面的情况，确定改制方案（包括股本设置、资产规模、剥离资产、债务的处置、公司治理结构等问题）。审慎调查是为了保证向投资者提供的招股资料全面、真实、完整而设计的，也是制作申报材料的基础，需要发行人全力配合。

（3）分工协调会。

中介机构经过审慎调查阶段对公司已了解，发行人与券商将召集所有中介机构参加的分工协调会。协调会由券商主持，就发行上市的重大问题，如股份公司设立方案、资产重组方案、股本结构、财务审计、资产评估、土地评估、盈利预测等事项进行讨论。协调会将根据工作进展情况不定期召开。

（4）各中介机构开展工作。

根据协调会确定的工作进程，确定各中介机构工作的时间表，各中介机构按照上述时间表开展工作，主要包括对初步方案进一步分析、财务审计、资产评估及各种法律文件的起草工作。

（5）取得国有资产管理部门对资产评估结果确认、资产折股方案的确认及土地管理部门对土地评估结果的确认。

国有企业相关投入资产的评估结果、国有股权的处置方案需经过国家有关部门的确认（其他所有制企业则不存在此问题）。

（6）准备文件。

企业筹建工作基本完成后，向主管部门（省级人民政府、发改委、国资委、中国人民银行、财政部等）提出正式申请设立股份有限公司，主要包括：

① 公司设立申请书；

② 主管部门同意公司设立意见书；

③ 企业名称预核准通知书；

④ 发起人协议书；

⑤ 公司章程；

⑥ 公司改制可行性研究报告；

⑦ 资金运作可行性研究报告；

⑧ 资产评估报告；

⑨ 资产评估确认书；

⑩ 土地使用权评估报告书；

⑪ 国有土地使用权评估确认书；

⑫ 发起人货币出资验资证明；

⑬ 固定资产立项批准书；

⑭ 三年财务审计及未来一年业绩预测报告。

以全额货币发起设立的，可免报上述第⑧⑨⑩⑪项文件和第⑭项中年财务审计报告。

主管部门对上述有关材料进行审查论证，如无问题将获得省级人民政府同意股份公司成立的批文，公司即可组织召开创立大会，选举产生董事会和监事会。

（7）召开创立大会，选举董事会和监事会。

（8）工商行政管理机关批准股份公司成立，颁发营业执照。

在创立大会召开后 30 天内，公司组织向工商行政管理局报送省政府或中央主管部门批准设立股份公司的文件、公司章程、验资证明等文件，申请设立登记。工商局在 30 日内做出决定，获得营业执照。

2. 辅导阶段

在取得营业执照之后，股份公司依法成立，按照中国证监会的有关规定，拟公开发行股票的股份有限公司在向中国证监会提出股票发行申请前，均须由具有主承销资格的证券公司进行辅导，辅导期限 1 年。辅导内容主要包括以下九个方面。

（1）股份有限公司设立及其历次演变的合法性、有效性。

（2）股份有限公司人事、财务、资产及供、产、销系统独立完整性。

（3）对公司董事、监事、高级管理人员及持有 5% 以上（含 5%）股份的股东（或其法人代表）进行《公司法》《证券法》等有关法律法规的培训。

（4）建立健全股东大会、董事会、监事会等组织机构，并实现规范运作。

（5）依照股份公司会计制度建立健全公司财务会计制度。

（6）建立健全公司决策制度和内部控制制度，实现有效运作。

（7）建立健全符合上市公司要求的信息披露制度。

（8）规范股份公司和控股股东及其他关联方的关系。

（9）公司董事、监事、高级管理人员及持有 5% 以上（含 5%）股份的股东持股变动情况是否合规。

辅导工作开始前 10 个工作日内，辅导机构应当向当地证监会派出机构提交以下五份材料。

（1）辅导机构及辅导人员的资格证明文件（复印件）。

（2）辅导协议。

（3）辅导计划。

（4）拟发行公司基本情况资料表。

（5）最近两年经审计的财务报告（资产负债表、损益表、现金流量表等）。

辅导协议应明确双方的责任和义务。辅导费用由辅导双方本着公开、合理的原则协商确定，并在辅导协议中列明，辅导双方均不得以保证公司股票发行上市为条件。

辅导计划应包括辅导的目的、内容、方式、步骤、要求等内容，辅导计划要切实可行。辅导有效期为 3 年，即本次辅导期满后 3 年内，拟发行公司可以向中国证监会提出股票发行上市申请；超过 3 年，则须按规定的程序和要求重新聘请辅导机构进行辅导。

3. 股份公司董事会应当依法提出 IPO 议案，并提请股东大会批准

按照相关规定，凡是已独立经营 3 年并且满足 IPO 基本条件的股份公司，根据公司的发展战略要求，首先由公司董事会提出 IPO 决议，然后提交股东大会批准。

公司董事会在提出 IPO 决议时，至少包括以下文件。

（1）本次 IPO 方案（包括拟发行股票的种类、发行方式、发行数量、规模、发行对象、预计募集资金、用途、定价方式等）；

（2）本次 IPO 募股资金使用的可行性分析报告（项目立项批文、资金使用计划、投资进度、预计建成完工时间、财务效益分析等）；

（3）其他必须明确的事项。

股东大会就 IPO 做出决定时，至少包括以下事项。

（1）本次发行股票种类（A 股或者 B 股）、数量；

（2）发行对象（公开发行、非公开发行）；

（3）价格区间或定价方式；

（4）募集资金用途；

（5）发行前滚存利润的分配方式；

（6）本次发行决议有效期（一般为 1 年）；

（7）对董事会办理本次 IPO 的授权；

（8）其他必须明确的事项。

股东大会就 IPO 事项投票表决时，需经到会股东 2/3 同意方算通过（另外，关联股东回避表决、网络投票）。

4. 聘请保荐人对公司（实际上在公司改制阶段就已经聘请了）进行"尽职调查"，然后公司协助保荐人制定 IPO 申请文件，并由保荐人推荐，向证监会申报

（1）发行人应按证监会规定聘请保荐人对其进行尽职调查。保荐人在尽职调查基础上形成"发行保荐书"。"尽职调查"是指保荐人对发行人进行一种全面调查，充分了解发行人经营状况、面临风险和问题，并有充分理由确信发行

人符合中国证监会 IPO 条件，以及确信发行人申请文件是真实、准确、完整的过程。

（2）保荐人主要对发行人以下内容进行尽职调查。

① 对发行人基本情况进行调查（发行人改制设立、历史沿革、发起人、股东出资、公司独立性、规范运作、商业信用等）；

② 对发行人业务与技术状况进行调查；

③ 对发行人同业竞争状况和关联交易情况进行调查；

④ 对发行人高管人员情况进行调查；

⑤ 对发行人组织结构与内控制度进行调查；

⑥ 对发行人财务状况进行调查；

⑦ 对发行人募集资金使用情况进行调查；

⑧ 对发行人业务发展目标进行调查；

⑨ 对发行人主要风险因素及其他重大事项进行调查。

（3）保荐人在尽职调查中，凡存在其他专业机构签署的专业意见书（审计报告、法律意见书）也要进行审慎核查，必要时可聘请其他专业机构提供服务。

（4）保荐人应建立尽职调查工作底稿制度。

（5）保荐人在尽职调查基础上，凡独立判断符合 IPO 条件的公司，为其出具保荐书，与发行人一起制定 IPO 申请文件，报送证监会。

5. 证监会受理申请文件并进行聆讯

（1）证监会发行监管部在收到申请文件 5 个工作日内决定是否受理公司 IPO 申请；

（2）凡同意受理的，收取审核费：人民币 20 万元；

（3）凡申请以高新技术企业发行股票的，尚须经过中科院或国家科技部签证。公司主要高管和保荐人接受证监会的聆讯。聆讯又称"见面会",主要有三方面目的。

① "认识人":参加见面会的人通常包括证监会发行监管部的部长、审核一处和二处的处长、综合处的处长、企业董事长、总经理、保荐人、聘请的律师、会计师;

② 了解公司基本情况;

③ 告之发行人应注意事项。

6. 初审(预审,主要是形式上的审核)

(1)由发行监管部负责进行初审。

发行监管部将申请文件分发给所属的审核一处和审核二处,前者指定一名审核员主要对申请文件法律问题进行审核;后者指定一名审核员对财务会计问题进行审核。

(2)预审员在前15个工作日内不允许与发行人、保荐人接触,之后可以与之书面沟通。

(3)两名预审员提出自己的初步预审核意见,交发行监管部。

(4)发行监管部召开专题会议,确定最终初审意见,写出初审报告反馈给发行人和保荐人。

(5)发行人和保荐人接到初审意见书后,应在10个工作日内按初审意见对申请文件进行补充、完善,并再次报证监会。

(6)初审时间30个工作日。

(7)初审完成后,由发行监管部确定复审时间。

7. 招股说明书的预披露

新《证券法》规定,申请首次公开发行股票的发行人,应当预先披露相关文件。

预先披露制度的目的在于让投资者能够在公司刊登募集说明书之前提早了解公司情况，及时发现问题，有较充裕的时间做出投资决策。《首次公开发行股票并上市管理办法》对预先披露的时间、地点和内容做出了具体规定。

（1）规定在申请文件受理后、发行审核委员会审核前进行预先披露；

（2）规定在中国证监会网站进行预先披露；

（3）预先披露的内容为招股说明书申报稿。

预先披露制度的实施，建立了一个强化市场对发行人进行约束的新机制。

但需注意：

（1）预披说明书是申报稿，没有法律效力，不能据以发行股票；

（2）预披说明书上没有发行价。

8. 复审

（1）由证监会发行审核委员会负责。发审委每次指定 7 名委员负责某家企业复审工作，并在网上公布成员名单及小组负责人。发行监管部提前 5 个工作日将申请文件送交参与复审的委员。

（2）复审时应按证监会《股票发行审核委员会工作细则》规定的程序进行。

（3）发审委员最后投票表决，凡有 5 票赞成则通过。只能投赞成或反对票，不得投弃权票。

（4）凡发现尚待调查并影响明确判断的重大问题时，经 5 名委员同意可暂缓表决。暂缓表决公司，再次提交复审时，原则上仍由原发审委员审核。

9. 证监会核准发行

（1）凡复审通过的企业，证监会根据市况（二级市场状况）向企业下发"股票核准发行通知书"，此时企业才算完成狭义上市程序（有效期限六个月，过期失效，需要重新过发审会。另外，发行证券前发生重大事项的应该暂缓发行，并及时报告中国证监会。如果该事项对本次发行构成重大影响，发行申请应重新通过中国证监会核准）。

（2）从受理申请文件到取得核准发行核准书，原则上应在 90 个工作日内完成。

（3）凡复审未通过的企业（从不予核准之日起六个月），可以申请复议一次。

10. 聘请财经公关公司、刊发 IPO 招股说明书

进行网上路演、网下路演（北京、上海、深圳），进行网上机构询价，证监会确认最终定价区间。网下机构申请认购，网上申请认购，确定网上、网下申购中签率和中签号码，正式将股票卖给中签的投资者。路演（Roadshow），本意是指巡回演出会，后来被证券界广泛借用，特指股票或企业债券发行推介会，主要是通过一系列的推介活动，让投资者对发行人有更深切的了解和直观的感性认识，发行人和承销商最后根据投资者的反馈来比较客观地决定发行量、发行价和发行时机。网上路演是指证券发行人和投资者（包括潜在的投资者）通过互联网进行互动交流的活动。通过实时、开放、交互的网上交流，一方面，可以使证券发行人进一步展示所发行证券的价值，加深投资者的认知程度，并从中了解投资人的投资意向，对投资者进行答疑解惑；另一方面，使各类投资者了解企业的内在价值和市场定位，了解企业高管人员的素质，从而更加准确地判断公司的投资价值。

证券发售方式：按照《上市公司证券发行管理办法》（以下简称《管理办法》）的规定，上市公司公开发行证券应当由证券公司承销；非公开发行股票，发行对象均属原前十名股东的，可由上市公司自行销售。

11. 发行人在股票发售完毕后，向证券交易所提出股票上市交易的申请，与交易所签订"股票上市协议书"，确定挂牌交易的时间、地点

按照《上海证券交易所股票上市规则》《深圳证券交易所股票上市规则》规

定，发行人在股票首次上市前应当向证券交易所申请并签订股票上市协议。

股票上市协议主要包括以下内容。

（1）双方的权利与义务；

（2）上市公司章程的内容及其制定与修订程序符合法律法规和中国证监会的有关规定；

（3）上市费用及其缴纳方式；

（4）董事会秘书和董事会证券事务代表；

（5）定期报告、临时报告的报告程序及上市公司回复本所质询的规定；

（6）股票及其衍生品种的停牌与复牌事宜；

（7）违约责任；

（8）仲裁条款；

（9）本所认为需要规定的其他内容。

12. 在股票上市交易指定日的前5天刊发"股票上市交易公告书"，再次提醒投资者相关事宜。并在股票上市交易公告指定日，在交易所挂牌交易

第二节　交易结算制度

一、期货交易制度的简介

期货交易制度有广义和狭义之分。广义的包括期货市场管理的一切法律、法规、交易所章程及规则。狭义的仅指期货交易所制定的经过国家监管部门审

核批准的《期货交易规则》及以此为基础产生的各种细则、办法、规定。期货市场是一种高度组织化的市场，为了保障期货交易有一个"公开、公平、公正"的环境，保障期货市场平稳运行，对期货市场的高风险实施有效的控制，期货交易所制定了一系列的交易制度（也就是"游戏规则"），所有交易者必须在承认并保证遵守这些"游戏规则"的前提下才能参与期货交易。与现货市场、远期市场相比，期货交易制度是较为复杂和严格的，只有如此，才能保障期货市场高效运转，发挥期货市场应有的功能。

二、交易制度的内容

（一）保证金制度

保证金制度是期货交易的特点之一，是指在期货交易中，任何交易者必须按照其所买卖期货合约价值的一定比例（通常为 5%~10%）缴纳资金，用于结算和保证履约。经中国证监会批准，交易所可以调整交易保证金，交易所调整保证金的目的在于控制风险。

（二）当日无负债结算制度

期货交易结算是由期货交易所统一组织进行。期货交易所实行当日无负债结算制度，又称"逐日盯市"。它是指每日交易结束后，交易所按当日结算价结算所有合约的盈亏、交易保证金及手续费、税金等费用，对应收、应付的款项同时划转，相应增加或减少会员的结算准备金。期货交易所会员的保证金不足时，应当及时追加保证金或者自行平仓。

（三）涨跌停板制度

所谓涨跌停板制度，又称每日价格最大波动限制，即指期货合约在一个交易日中的交易价格波动不得高于或者低于规定的涨跌幅度，超过该涨跌停幅度的报价将被视为无效，不能成交。涨跌停板一般是以合约上一交易日的结算价为基准确定的。

（四）持仓限额制度

持仓限额制度是指交易所规定会员或客户可以持有的，按单边计算的某一合约投机头寸的最大数额。实行持仓限额制度的目的在于防范操纵市场价格的行为和防止期货市场风险过于集中于少数投资者。

（五）大户报告制度

大户报告制度是与持仓限额制度紧密相关的又一个防范大户操纵市场价格、控制市场风险的制度。通过实施大户报告制度，可以使交易所对持仓量较大的会员或投资者进行重点监控，了解其持仓动向、意图，对于有效防范市场风险有积极作用。

（六）交割制度

交割是指合约到期时，按照期货交易所的规则和程序，交易双方通过该合约所载标的物所有权的转移，或者按照规定结算价格进行现金差价结算，了结到期未平仓合约的过程。以标的物所有权转移进行的交割为实物交割，按结算价进行现金差价结算的交割为现金交割。一般来说，商品期货以实物交割为主，金融期货以现金交割为主。

（七）强行平仓制度

强行平仓制度是指当会员、投资者违规时，交易所对有关持仓实行平仓的一种强制措施。强行平仓制度也是交易所控制风险的手段之一。我国期货交易所对强行平仓制度的主要规定是，当会员结算准备余额小于零，并未能在规定时限内补足时，交易所可对其执行强行平仓。

（八）风险准备金制度

风险准备金制度是指为了维护期货市场正常运转提供财务担保和弥补因不可预见风险带来亏损而提取的专项资金的制度。

（九）信息披露制度

信息披露制度是指期货交易所按有关规定定期公布期货交易有关信息的制度。期货交易所公布的信息主要包括在交易所期货交易活动中产生的所有上市品种的期货交易行情、各种期货交易数据统计资料、交易所发布的各种公告信息以及中国证监会制定披露的其他相关信息。

三、结算制度的概念

结算一般有三种解释：一是指由于商品交易、劳务供应和资金调拨等往来所引起的货币收付行为的总和；二是指公司、企业结束经营活动，收回债务，处置分配财产等行为的总和；三是指银行同业中应收或应付差额的札记及资金汇划。如果从交易的角度出发，按照契约的理论来定义，结算应该是交易各方对交易活动结果的一种确认和实现过程。任何阻碍对交易结果的确认和实现的因素都是结算环节面临的风险；同理，结算的效率也体现在交易结果确认和实现的速度中。

结算制度，即当日无负债结算制度，又称"逐日盯市"，其原则是结算部门在每日交易结束后，按当日结算价对会员和投资者结算所有合约的盈亏、交易保证金及手续费、税金等费用，对应收应付的款项实行净额一次划转，相应增加或减少保证金。交易结束后，一旦会员或投资者的保证金余额低于规定的标准时，将会收到追加保证金的通知，二者的差额即为追加保证金金额。

期货交易所的结算实行分级结算，即交易所对其会员进行结算，期货经纪公司对其客户进行结算。期货交易所应当在当日交易结算后，及时将结算结果通知会员。期货经纪公司根据期货交易所的结算结果对客户进行结算，并应当将结算结果及时通知客户。若在结算时，该会员（或客户）的保证金不足，交易所（或期货经纪公司）应立即向会员（或客户）发出追缴保证金通知，会员（或客户）应在规定时间内向交易所（或期货经纪公司）追加保证金。

（一）结算制度的具体内容

结算制度是保障结算体系正常运行的微观基础，也是控制期货市场风险，保障高效运行的调控机制。较成熟的结算制度一般包括以下诸项内容。

（1）会员审核制度，实行该制度是为了保证期货交易市场的正常运行。

（2）保证金制度，会员在交易前按规定向交易所交纳的、占交易总额一定比例的资金，包括结算准备金、交易保证金和追加保证金。保证金风险，表现在如果市场风险突然加入，客户无力追加保证金时，将亏损转嫁给会员，会员也无法承担时，便转嫁给交易所。

（3）每日涨跌幅限制，该制度是交易所为了控制当日市场风险设定的每日价格涨跌幅的最大限制。

（4）交易盈亏的计算及资金调拨制度：按照对期货交易盈亏不同的计算方法分为逐笔结算、净额结算。

（5）头寸限制制度，交易所根据没加入会员的资金和市场情况，每日在开市前核定当日允许会员进行的最大交易量。

（6）大户报告和最大持仓限额制。为防止操纵交易而设立的制度，规定每个会员最大持仓不得超过规定限额和在交割月中双边持仓限量的数额。

（二）当日结算价的确定

每日交易结束后，按照制度规定，要确定当日结算价，当日结算价是指某一期货合约当日成交价格按照成交量的加权平均价。当日无成交价格的，其合约的当日结算价按照下列方法确定。

（1）若合约当日有买、卖双方委托报价的，以最高买报价、最低卖报价与该合约上一交易日的结算价三者居中的一个价格作为合约的当日结算价；

（2）若合约出现涨（跌）停板单边无连续报价的，以该停板价格作为合约的当日结算价；

（3）若合约当日无委托报价，或者有买或卖单方委托报价但未出现涨（跌）停板单边无连续报价的，以当日距无成交合约最近的前一有成交合约作为基准合约计算当日无成交合约结算价。

① 若基准合约当日结算价的涨跌幅度（％）小于等于当日无成交合约当日的涨跌停板，则当日无成交合约结算价 = 该合约上一交易日的结算价 × （1±基准合约结算价的涨跌幅度）。

②　若基准合约当日结算价的涨跌幅度（％）大于当日无成交合约当日的涨跌停板，则当日无成交合约结算价＝该合约上一交易日的结算价×（1±该合约的当日涨跌停板幅度）。

③　若无法找到基准合约，则当日无成交合约结算价＝上一交易日该合约的结算价；新合约上市第一日若无法找到基准合约，则当日无成交合约结算价＝挂盘基准价。新上市合约连续三个交易日无成交，交易所可另行调整结算价。

第三节　信息披露制度

信息披露制度，也称公示制度、公开披露制度，是上市公司为保障投资者利益、接受社会公众的监督而依照法律规定必须将其自身的财务变化、经营状况等信息和资料向证券管理部门和证券交易所报告，并向社会公开或公告，以便使投资者充分了解情况的制度。它既包括发行前的披露，也包括上市后的持续信息公开，它主要由招股说明书制度、定期报告制度和临时报告制度组成。上市公司信息披露制度是证券市场发展到一定阶段，相互联系、相互作用的证券市场特性与上市公司特性在证券法律制度上的反映。世界各国证券立法都将上市公司的各种信息披露作为法律法规的重要内容。

一、起源

信息披露制度源于英国和美国。

英国的"南海泡沫事件"（South Sea Bubble）导致了 1720 年"诈欺防止法案"（Bubble Act of 1720）的出台，而后 1844 年英国合股公司法（The Joint Stock Companies Act 1844）中关于"招股说明书"（Prospectus）的规定，首次确立了强制性信息披露原则（The Principle of Compulsory Disclosure）。但是，当今世界信息披露制度最完善、最成熟的立法在美国。关于信息披露的要求最初源于 1911 年堪萨斯州的《蓝天法》（Blue Sky Law）。1929 年华尔街证券市场的大阵痛，以及阵痛前的非法投机、欺诈与操纵行为，促使了 1933 年的《证券法》和 1934 年的《证券交易法》的颁布。在 1933 年的《证券法》中，美国首次规定实行财务公开制度，这被认为是世界上最早的信息披露制度。

二、信息披露制度的特征

从信息披露法律制度的主体上看，它是以发行人为主线、由多方主体共同参加的制度。从各个主体在信息披露制度中所起的作用和地位看，它们大体分为四类。

第一类是信息披露的重要主体，它们所发布的信息往往是有关证券市场大政方针的，因而也是较为重要的信息，这类主体包括证券市场的监管机构和政府有关部门。特别是证券市场的监管机构，它们在信息披露制度中既是信息披露的重要主体，也是有关信息披露的法律得以实施的招待机关，因此它们在披露制度中处于极为重要的地位。

第二类是信息披露的一般主体，即证券发行人，它们是证券市场信息的主要披露人，依法承担披露义务，所披露的主要是关于自己以及与自己有关的信息。

第三类是信息披露的特定主体，它们是证券市场的投资者，一般没有信息披露的义务，只有在特定情况下，它们才履行披露义务。

第四类主体是其他机构，如股票交易场所等自律组织、各类证券中介机构，它们制定一些市场交易规则，有时也发布极为重要的信息，如交易制度的改革等，因此也应按照有关规定履行相应职责。

三、信息披露的过程

信息披露制度在信息公开的时间上是个永远持续的过程，是定期与不定期的结合。各国企业股份化的经验证明，证券市场是股份制发展的必然结果，只有给股份持有人创设一个可以随时变现其股份的制度，股份制改造才能获得更为广泛的群众基础，才能更快地推广，从而实现资金规模化所产生的效益。

（一）信息披露的强制性

有关市场主体在一定的条件下披露信息是一项法定义务，披露者没有丝毫变更的余地。法律规定，发行人具有及时披露重要信息的强制义务。即使在颇具契约特征的证券发行阶段，法律对发行人的披露义务也做出了详尽的规定，具体表现在发行人须严格按照法律规定的格式和内容编制招募说明书，在此基础上，发行人的自主权是极为有限的，只有在提供所有法律要求披露的信息之后，才有少许自由发挥的余地。这些信息不是发行人与投资者协商的结果，而是法律在征得各方同意的基础上，为切实保护投资者权益所作的强制性规定。并且，发行人必须对其中的所有信息的真实性、准确性和完整性承担责任。

（二）信息披露制度权利义务的单向性

信息披露制度在法律上的另一个特点是权利义务的单向性，即信息披露人只承担信息披露的义务和责任，投资者只享有获得信息的权利。无论在证券发行阶段还是在交易阶段，发行人或特定条件下的其他披露主体均只承担披露义务，而不得要求对价。而无论是现实投资者或是潜在投资者均可依法要求有关披露主体提供必须披露的信息材料。

四、信息披露的内容

信息披露的主要内容一般体现在招股说明书中。包括重要资料（即招股说明书的摘要）、释义和序言、风险因素与对策、募集资金的运用、发行人状况介绍、股本、发行人最新财务状况、发行人是否有参加待决诉讼、已签订的合同，等等。

五、网络证券交易的信息披露

网络证券交易的信息披露也称持续阶段的信息披露，是指网络证券发行上市后发行人所要承担的信息披露义务。网络证券信息必须在发行人或发行中介人的网站、证券交易所、证监会指定的专门网站上发布。当然，网上发布的网络证券信息也可以同时在其他媒介同步发布。该类信息披露文件主要包括中期报告、年度报告、临时报告。

（一）中期报告

中期报告是指上市公司向国务院证券监管机构和证券交易所提交的反映公司基本经营情况及与证券交易有关的重大信息的法律文件，包括半年度报告和季度报告。内容包括：公司财务会计报告和经营情况，涉及公司的重大诉讼事项，已发行的股票、债券变动情况，提交股东大会审议的重要事项，国务院证券监管机构规定的其他事项。

（二）年度报告

年度报告是指上市公司在每个会计年度结束时，向国务院证券监管机构和证券交易所提交的反映公司基本经营情况及与证券交易有关的重大信息的法律文件。包括：公司概况，公司财务会计报告和经营情况，董事、监事、经理及高级管理人员简介及其持股情况，已发行的股票、债券变动情况，持有公司股份最多的前 10 名股东名单和持股数额，国务院证券监管机构规定的其他事项。

（三）临时报告

临时报告是指上市公司在发生重大事件后，立即将该信息向社会公众披露，说明事件的实质，并报告证券监管机构和证券交易所的法定信息披露文件。临时报告包括以下三种。

1. 收购报告

收购报告书是投资者公开要约收购、协议收购或者在证券交易所集中竞价收购上市公司的过程中，依法披露有关收购信息的文件。在上市公司收购过程中，由于收购人为控制上市公司的股权必然通过证券集中市场大规模收购股权，由此势必会对上市公司的股票交易及其价格产生重大的影响，为了使广大中小投资者能够及时了解这种大规模股权收购的信息，防止虚假陈述、操纵市场等违法行为的发生，必须确立上市公司收购过程中的信息披露制度。披露的文件主要包括：上市公司收购报告书、要约收购报告书、被收购公司董事会报告书。

2. 合并公告

根据《公司法》第一百八十四条，公司合并，应由合并各方签订合并协议，并编制资产负债表及财产清单。合并报告必须披露。

六、信息披露制度包括证券发行的信息披露和持续信息公开

（一）证券发行的信息披露

证券发行的信息披露是指证券公开发行时对发行人、拟发行的证券以及与发行证券有关的信息进行披露。该类信息披露文件主要有招股说明书、募集说明书、上市公告书等。

（1）发行人向国务院证券监督管理机构或者国务院授权的部门报送的证券发行申请文件，必须真实、准确、完整。不得有虚假记载、误导性陈述或者重大遗漏。上市公司发行证券，必须真实、准确、完整、及时、公平地披露或者提供信息，不得有虚假记载、误导性陈述或者重大遗漏。

（2）发行人应当按照中国证监会的有关规定编制和披露招股说明书。招股说明书内容与格式准则是信息披露的最低要求。不论准则是否有明确规定，凡是对投资者做出投资决策有重大影响的信息，均应当予以披露。发行人及其全

体董事、监事和高级管理人员应当在招股说明书上签字、盖章，保证招股说明书的内容真实、准确、完整。

（3）保荐人及其保荐代表人应当对招股说明书的真实性、准确性、完整性进行核查，并在核查意见上签字、盖章。保荐人及其保荐代表人应当遵循勤勉尽责、诚实守信的原则，认真履行审慎核查和辅导义务，并对其所出具的发行保荐书的真实性、准确性、完整性负责。

（4）证券公司承销证券，应当对公开发行募集文件的真实性、准确性、完整性进行核查；发现有虚假记载、误导性陈述或者重大遗漏的，不得进行销售活动；已经销售的，必须立即停止销售活动，并采取补救措施。

（5）为证券发行出具有关文件的证券服务机构和人员，应当按照本行业公认的业务标准和道德规范，严格履行法定职责，并对其所出具文件的真实性、准确性和完整性负责。

（6）上市公司在非公开发行新股后，应当依法披露发行情况报告书。为信息披露义务人履行信息披露义务出具专项文件的保荐人、证券服务机构，是指为证券发行、上市、交易等证券业务活动制作、出具保荐书、审计报告、资产评估报告、法律意见书、财务顾问报告、资信评级报告等文件的保荐人、会计师事务所、资产评估机构、律师事务所、财务顾问机构、资信评级机构。

（二）持续信息公开

持续信息公开是指证券上市交易过程中发行人、上市公司对证券上市交易及与证券交易有关的信息要进行持续披露。该类信息披露文件主要有上市公司定期报告（包括中期报告和年度报告）和上市公司临时报告（即重大事件公告）。

（1）上市公司董事、高级管理人员应当对公司定期报告签署书面确认意见。上市公司监事会应当对董事会编制的公司定期报告进行审核并提出书面审核意见。上市公司董事、监事、高级管理人员应当保证上市公司所披露的信息真实、准确、完整。

（2）发行人、上市公司公告的招股说明书、公司债券募集办法、财务会计报告、上市报告文件、年度报告、中期报告、临时报告以及其他信息披露资料，有虚假记载、误导性陈述或者重大遗漏，致使投资者在证券交易中遭受损失的，发行人、上市公司应当承担赔偿责任；发行人、上市公司的董事、监事、高级管理人员和其他直接责任人员以及保荐人、承销的证券公司，应当与发行人、上市公司承担连带赔偿责任，但是能够证明自己没有过错的除外；发行人、上市公司的控股股东、实际控制人有过错的，应当与发行人、上市公司承担连带赔偿责任。

（3）依法必须披露的信息，应当在国务院证券监督管理机构指定的媒体发布，同时将其置备于公司住所、证券交易所，供社会公众查阅。

（4）国务院证券监督管理机构对上市公司年度报告、中期报告、临时报告以及公告的情况进行监督，对上市公司分派或者配售新股的情况进行监督，对上市公司控股股东及其他信息披露义务人的行为进行监督。证券监督管理机构、证券交易所、保荐人、承销的证券公司及有关人员，对公司依照法律、行政法规规定必须做出的公告，在公告前不得泄露其内容。

（5）证券交易所决定暂停或者终止证券上市交易的，应当及时公告，并报国务院证券监督管理机构备案。

七、证券市场中信息披露存在的问题

（一）证券市场的制度缺陷性

1. 信息披露制度

我国在引进证券市场的过程中，由于历史形成的社会经济基础和体制很难立即与全新的证券市场相匹配，造成的后果是现阶段我国证券市场（主要探讨股票市场）虽然具备了现代证券市场的基本要素和发挥着基本的功能，但是仍然存在较大的制度性缺陷。如：股票市场发展的产权制度基础没有真正形成，股票发行的规模控制制度带有强烈的计划色彩，我国上市制度存在严重的行政特许性质，证券市场体系不健全，证券交易所存在地方化问题。有些甚至是根本性的制度缺陷，这些缺陷制约了我国证券市场的发展，造成了证券市场信息披露的不规范，致使内幕交易、操纵市场、欺诈客户等行为经常发生，助长了证券市场风险的生成和扩散，客观上为国家对证券市场信息披露监管设置了种种障碍。

2. 市场监管权责不明，力度不强，执法不严

证券市场监管是指证券市场管理机构使用行政、经济和法律手段对证券发行、交易和经营机构等市场主体及其行为的规范性进行的监督管理活动。证券市场监管是在规范中发展，发展中规范的，它推动了经济的发展，但也存在不少问题，主要有以下两个方面。

（1）各级监管部门职能层次不清晰，职责权限缺乏严格的规定，有权无责，监管者随意性大，规范性差，没有一套严密有效的措施来确保其履行职能，容易形成暗箱操作，产生腐败。

（2）证券监管执法不力，首先，执法的深度和广度不够，执法依据的法律法规牵强，处罚决定主要是靠行政手段，简单的法规引用，缺乏深度的理论分析，判词说服力不强；其次，执法方式不当，往往是证券市场到了"四面楚歌"无法收拾时，有关部门才挥动大棒出面干预，不能做到事先预察，把违规行为消灭在萌芽状态，而且每次查处都以"压市"和"救市"而告终，对证券市场的违规行为用"集中严打"的方法极不科学。

3. 进一步完善上市公司信息披露制度

信息不畅通是信息不对称的重要原因。持续信息公开制度，一方面有利于市场投资者深入了解公司的整体风险；另一方面也可为政府提供更多的信息，逐渐减少证券市场的信息不完全和不对称，实现证券市场的透明与规范。我国法律规定，所有上市公司必须及时确地披露年度财务报告、中期财务报告和重大事项公告，对于 ST、PT 公司也要求其公布季报，这是一个很大的进步。当前，在信息披露实践中，首先，要完善企业会计制度，进一步同会计制度靠拢，会计制度的调整应以提高会计信息的可靠性为首要目标；其次，为防止企业经营者操纵财务预测信息，确保盈利预测质量，应规范预测性财务信息的披露，建立和健全一整套有关上市公司预测性财务信息生成、披露和审核的规范体系。

第四节　会计标准及内部控制制度

一、会计标准体系的提出

改革开放以来，特别是中国确立社会主义市场经济体制的改革目标后，中国会计改革的步伐明显加快，会计行业得到了充分发展。1992 年邓小平"南方谈话"后不久，有关部门就抓住时机，适时地发布了《企业会计准则——基本准则》，拉开了我国会计准则制定的序幕。同年"两则""两制"的发布，完成了我国会计模式由计划经济向市场经济的转换；随后又发布并实施了 16 项具体会计准则与《企业会计制度》《金融企业会计制度》《行政单位会计制度》《事业单位会计制度》等，初步建立起了适应社会主义市场经济需要的会计标准体系。2001 年年底，中国加入 WTO，标志着中国将在更大范围和更深程度上参与经济全球化进程，从而进一步促进了我国经济体制改革和政府职能的转换，为中国会计改革和会计行业的发展创造更加美好的外部环境，提供难得的发展机遇，从而有利于全面提升中国会计的整体水平。但也应当清醒地认识到，加入 WTO 后，经济的市场化程度将进一步提高，国际经贸往来与国际投资融资活动将大幅度增加，会计信息在企业管理决策、投资与融资方面，将发挥更为重要的作用，同时也对我国会计标准建设提出了更高的要求。为此，需要在会计标准方面做出适应性变化。

二、建立中国会计标准体系的原则

构建中国特色的会计标准体系，应该遵循以下原则：首先，必须坚持走社会主义道路。对于什么是社会主义，邓小平 1992 年在"南方谈话"中给予了明确的回答。他对社会主义的本质作了总结性的理论概括："社会主义的本质，是解放生产力，发展生产力，消灭剥削，消除两极分化，最终达到共同富裕。"共同富裕是社会主义的终极目标，是政治与经济活动的最高目标。会计的本质是一项经济管理活动，理应为实现这个目标服务，并且要符合社会主义特有的途径和手段。因此，要建立会计标准体系，首先应该使其体现社会主义特色，这正是中国会计标准体系区别于其他社会制度下会计标准体系的本质特征。其次，要考虑我国现阶段的国情。会计是一门社会科学，不可避免地会受到国家经济、法律、教育、文化等诸多社会环境因素与特殊背景的影响。在国际上被证明是合理、行之有效的机制、做法与成果，在计环境相异的中国却未必完全适用。讨论一个国家会计水平的高低，应当结合该国的会计环境加以评价。会计环境的某些因素，可能是永远或在可以预见的将来是不能消除的，会计的中国特色将长期存在。最后，建立中国会计标准体系必须符合世界经济发展的潮流与趋势，这是经济发展的必然要求。总之，在建立中国会计标准体系的过程中，必须坚持这样一条原则：只要与中国现行的法律法规不矛盾，中国的经济实务与国际会计准则所针对的经济实务一致或者相近，在实务操作上又可行的，就大胆地借鉴国际会计准则，实现中国与国际会计惯例的充分协调。

三、会计标准体系的构建

（一）会计准则

会计准则是会计工作的规范，属于调整经济生活中会计核算工作的行政法规，也是会计监督机构从业的会计标准。会计准则作为国家统一的会计制度的重要组成部分之一，是我国会计标准的一种表现形式。它是对会计要素的确认、计量、记录、报告所作的原则性规定。我国现行的《企业会计准则》包括《基本会计准则》与《具体业务会计准则》。《基本会计准则》是会计概念和会计方法结合起来，从而确保这些基本概念的反映所要遵循的一般指导性原则。它是对会计实践的普遍经验和一般规律予以高度概括，体现了人们对会计的基本要求，因而也是对会计工作的方向性指导规范。《具体业务会计准则》是依据《基本会计准则》，对会计核算中的具体业务处理方法和程序做出规定。它是《基本会计准则》的具体化，对会计业务每个具体领域具有指导意义。《企业会计准则——基本准则》于 1992 年发布，并于 1993 年 7 月 1 日实施。它实现了我国会计模式由计划经济会计模式向市场经济会计模式的转换，是中国会计标准化的一个里程碑。它适应了社会主义市场经济发展的需要和《中华人民共和国会计法》（以下简称《会计法》）的要求，对于统一会计核算标准、保证会计信息质量，起到了保障作用。目前，我国已颁布多项具体会计准则。这些具体会计准则对于具体业务的会计事项的逐一顺利处理，从分类、记录、计算、结账到最后编成会计报告需要遵循的准则与方法，作为处理的依据，起到了很好的指导作用。

（二）企业会计制度

会计行为的经济性和社会性决定了会计行为本身需要制度的约束与规范，必须制定"正式的会计制度"，即以正式文件形式表达的会计制度规范。会计史表明，会计制度是维护会计秩序及社会经济秩序的重要工具。《会计法》第八条明确规定"国家实行统一的会计制度。国家统一的会计制度由国务院财政部门根据本法制定并发布"。也就是说，国家统一的会计制度作为我国会计法规的一部分，其制定权限是由法律形式固定下来的，这是符合中国国情的。其原因在于，国家作为国有企业资产的所有者，必然会关心国有资产的增值保值情况，而且我国国有企业是国民经济的支柱，客观上要求国家通过会计法规的制定来体现其对会计信息的需求。会计制度是对会计要素的确认、计量、记录、报告所作的操作性规定。我国著名会计学家葛家澍教授在 1999 年曾指出：准则与制度无所谓孰优孰劣，实质重于形式，只要在内容上借鉴国际上通行的会计惯例，吸取世界上先进的会计处理和信息披露技术，即使采用我国会计界喜闻乐见的"制度"形式，也未必能降低它所能起的会计规范作用。会计准则与会计制度的关系在我国的会计改革实践中是比较明晰的，认为会计准则代表市场经济、会计制度代表计划经济是形而上学的观点。现阶段，在制定会计准则的同时制定和发布会计制度，对促进和推动我国会计的国际化进程更为重要。《企业会计准则——基本准则》第三条规定："企业会计准则包括基本准则和具体准则，具体准则的制定应当遵循本准则"。现行会计制度把会计核算应遵循的基本准则也融入其中；特别是在制度中纳入了我国业已出台并经过实践证明是比较成熟的十几项具体会计准则的有关内容，较好地实现了准则与制度的协调和整合，使我国会计在服从与国家经济转轨的同时找到了一条自身转轨的可行之路。最为重要的是，《企业会计制度》紧密结合中国的实际情况，较好地体现了会计的中国特色。会计制度这种规范形式在中国已经流行了几十年，有着根深蒂固的社会基础。所以，广大会计人员与会计工作者比较乐于接受与运用它，并一直把它作为可靠的"实务工具"。《企业会计制度》既规定了会计核算的一般原则、会计政策的采纳、会计要素的确认计量标准等，又规定了会计科目的设置及使用方法，同时还对企业或有事项、关联方关系及交易、企业财务会计报告的构成及编制方法等做出了详细的规定，从而使制度规范的内容在更加接近国际会计惯例的同时又保留了会计的中国特色。

（三）特殊行业或单位的会计制度

马克思主义认为，矛盾的共性和个性的辩证关系是矛盾的精髓。矛盾的共性既普遍性，个性即特殊性。特殊性中包含着普遍性，一般是个别的一部分或本质;一切事物都是特殊性和普遍性、一般和个别、个性和共性的辩证统一。《企业会计制度》中的规定只适用于对会计核算有一般要求的行业或单位,对有特殊要求的行业或单位则无能为力。《会计法》第八条规定:"国家有关部门可以依照本法和国家统一的会计制度的会计制度制定对会计核算和会计监督有特殊要求的行业实施国家统一的具体办法或补充规定,报国务院财政部门审核批准。"到目前,我国已颁布了《行政单位会计制度》《事业单位会计制度》《金融企业会计制度》《中小企业会计制度》《保险企业会计制度》等也正在讨论之中,预计不久即可出台。这些特殊行业或单位的会计制度对于规范会计核算,提供真实、完整的会计信息起到了很好的指导和保障作用。

(四)有关会计监督、会计机构、会计人员和会计工作管理制度

新《会计法》第五十条明确规定:"国家统一的会计制度,是指国务院财政部门依据本法制定的关于会计核算、会计监督、会计机构和会计人员以及会计工作管理的制度。"会计准则和会计制度作为国家统一的会计制度的重要组成部分,只是对会计核算工作具有指导意义,而对会计监督、会计机构的设置等方面缺乏应有的保障和提供依据。为此,有必要制定专门的制度来加以规范。目前,我国已经颁布了《企业财务会计报告条例》《会计基础工作规范》《会计档案管理办法》《总会计师条例》等。它们都是对《企业会计制度》和特殊行业单位会计制度以及会计准则的补充。有利于保证真实的、完整的会计信息的提供,规范会计工作。

(五)企业内部会计制度

企业内部会计制度,应由企业根据国家统一的企业会计制度,考虑其他有

关法规、制度，结合本企业的具体情况来制定。《企业会计制度》第三条规定：
"企业应当根据有关会计法律、行政法规和本制度的规定，在不违反本制度的前
提下，结合本企业的具体情况，制定适合于本企业的会计核算方法。"《企业会
计制度——会计科目和会计报表》中指出："企业应当按本制度的规定，设置和
使用会计科目。在不影响会计核算要求和会计报表指标汇总以及对外提供统一
的财务会计报告的前提下，可以根据实际情况自行增设、减少或合并某些会计
科目。""半年度中期财务报告在不违背会计核算一般原则以及不影响财务会计
报告使用者正确理解和运用所提供的会计信息的前提下，可以适当简化。"《企
业会计准则——存货》第十七条明确规定："企业应当根据各类存货的实际情况，
确定发出存货的实际成本，可以采用的方法有个别计价法、先进先出法、加权
平均法、移动平均法和后进先出法等。"

企业内部会计制度，应着重规定企业的会计核算方法、会计科目的设置和
使用、财务报告的编制、发出存货的计价所采用的方法、固定资产折旧所采用
的方法等。因此，为了作好企业各项会计工作，各企业必须按照《会计制度》
与《会计准则》的要求，结合本企业的会计活动特征，制定出适合本企业的内
部会计制度或方法。它是国家统一会计制度的具体化或补充，也是保证国家统
一会计制度能够在各企业中真正得以落实的必要措施，对完善企业内部经济责
任制具有直接的影响作用。

四、内部控制制度

（一）概念

内部控制是指一个单位的各级管理层，为了保护其经济资源的安全、完整，

确保经济和会计信息的正确可靠，协调经济行为，控制经济活动，利用单位内部分工而产生的相互制约、相互联系的关系，形成一系列具有控制职能的方法、措施、程序，并予以规范化、系统化，使之成为一个严密的、较为完整的体系。

（二）分类

内部控制按其控制的目的不同，可分为会计控制和管理控制。会计控制是指与保护财产物资的安全性、会计信息的真实性和完整性以及财务活动合法性有关的控制；管理控制是指与保证经营方针、决策的贯彻执行，促进经营活动的经济性、效率性、效果性以及经营目标的实现有关的控制。会计控制与管理控制并不是相互排斥、互不相容的，有些控制措施既可以用于会计控制，也可以用于管理控制。

（三）目标

内部控制的基本目标是确保单位经营活动的效率性和效果性、资产的安全性、经营信息和财务报告的可靠性。

1. 有助于管理层实现其经营方针和目标

内部控制由若干具体政策、制度和程序组成，它们首先是为了实现管理层的经营方针和目标而设计的。内部控制可以说渗透于一个单位经营活动的各个方面，只要单位内存在经营活动和经营管理的环节，就需要有相应的内部控制。

2. 保护单位各项资产的安全和完整，防止资产流失

保护资产一般指对本单位的现金、银行存款和其他货币资金、股票、债券等有价证券、商品、产品以及其他重要实物资产的安全和完整进行保护。

3. 保证业务经营信息和财务会计资料的真实性、完整性

对于一个单位的管理层来说，要实现其经营方针和目标，需要通过各种形式的报告及时地占有准确的资料和信息，以便做出正确的判断和决策。

（四）基本结构

1. 控制环境

即指对建立或实施某项政策发生影响的各种因素，主要反映单位管理者和其他人员对控制的态度、认识和行动。具体包括：管理者的思想和经营作风，单位组织结构，管理者的职能及对这些职能的制约，确定职权和责任的方法，管理者监控和检查工作时所用的控制方法，人事工作方针及实施措施，影响本单位业务的各种外部关系等。

2. 控制程序

即指管理者所制定的方针和程序，用以保证达到一定的目的。它包括下列内容：经济业务和经济活动批准权；明确有关人员的职责分工，并有效防止舞弊；凭证和账单的设置和使用，应保证业务和活动得到正确的记载；财产及其记录的接触使用要有保护措施；对已登记的业务及其计价要进行复核等。

3. 会计系统

即指单位为了汇总、分析、分类、记录、报告单位的业务活动，并保持对相关资产与负债的受托责任而建立的方法和程序。有效的会计系统应当能做到：确认并记录所有真实的经济业务；及时并充分详细地描述经济业务的价值，以便在财务会计报告中记录其适当的货币价值；确定经济业务发生的期间，以便将经济业务记录在适当的会计期间；在财务会计报告中适当地表达经济业务和披露相关事项。

（五）建立实施

一个单位要实行内部控制，必须抓好组织结构及职责分工、授权批准、会计记录、资产保护、职工素质、预算管理和报告制度等重要环节的组织实施。

1. 授权批准控制

授权批准是指单位在处理经济业务的过程中必须经授权批准以进行控制。企业每一层的管理人员既是上级管理人员的授权客体，又是对下级管理人员授权的主体。

授权标准的形式通常分为一般授权和特别授权。一般授权是指办理常规性的经济业务的权力、条件和有关责任者做出的规定，这些规定在管理部门中采用文件形式公布或在经济业务中规定一般性交易办理的条件、范围和对该项交易的责任关系。日常业务在可以按照规定的权限范围和有关职责自行办理。特别授权指受权处理非常规性业务，比如重大筹资行为、投资决策、股票发行等。

内部控制要求明确一般授权和特别授权的责任和权限，以及每笔经济业务的授权批准程序。

2. 组织结构控制

实行和完善内部控制，首先要从本单位的组织结构开始，主要包括：确定单位的组织形式，明确相关的管理职能和报告关系，以及为每个组织单位内部划分责任权限。

根据内部控制的要求，单位在确定和完善组织结构的过程中，应当遵循不相容职务相分离的原则。所谓不相容职务，是指那些如果由一个人或一个部门担任，既可能弄虚作假，又能够自己掩盖舞弊行为的职务。单位的经济活动通常可以划分五个步骤，即：授权、签发、核准、执行和记录。一般情况下，如果上述每一步骤均由相对独立的人员或部门实施，就能够保证不相容职务的分离，便于内部控制作用的发挥。

3. 会计记录控制

会计记录控制的要求是保证会计信息反映及时、完整、准确、合法。一个单位的会计机构实行会计记录控制，要建立会计人员岗位责任制，对会计人员进行科学的分工，使之形成相互分离和制约的关系。经济业务一经发生，就应对记载经济业务的所有凭证进行连续编号，通过复式记账，在两个或两个以上相关账户中进行登记，以防止经济业务的遗漏、重复，揭示某些弊端问题。

4. 资产保护控制

资产保护控制主要包括接近控制、盘点控制。广义上说，资产保护控制，可以包括对实物的采购、保管、发货及销售等各个环节进行的控制。

接近控制主要是指严格控制无关人员对资产的接触，只有经过授权批准的人员才能够接触资产。一般情况下，现金、银行存款、其他货币资金、有价证券和存货等变现能力较强的资产必须限制无关人员直接接触，间接接触可通过保管、批准、记录及不相容职务的分离和授权批准控制来达到。

盘点控制是指对实物资产进行盘点并将盘点结果与会计记录进行比较，盘点结果与会计记录如不一致，可能说明资产管理上出现了错误、浪费、损失或其他不正常现象。

5. 职工素质控制

职工素质控制包括企业在招聘、使用、培养、奖惩等方面对职工素质进行控制。招聘是保证单位的职工应有素质的重要环节。单位的人事部门和用人部门应共同对应聘人员的素质、水平、能力等有关情况进行全面的测试、调查、试用，以确保受聘人员能够适应工作要求。

如果管理层重视对单位内职工的投资、管理和使用，合理配置组织内的人力资源，职工所创造的价值必然会增加；反之，就会造成人力资源价值的不充分发挥，甚至损失和浪费。

6. 预算控制

预算控制是内部控制的一个重要方面。经过批准的预算就是单位的法令，单位内部的各部门都必须严格履行，完不成预算，将要受到处罚。预算控制也是一个系统，该系统的组织由预算编制、预算执行、预算考核等构成。预算控制的内容可以涵盖单位经营活动的全过程，包括筹资、融资、采购、生产、销售、投资、管理等诸多方面，也可以就某些方面实行预算控制。

预算的执行层由各预算单位组织实施，并辅之以对等的权、责、利关系，由内部审计部门负责监督预算的执行，通过预算的编制和实施，检查预算的执行情况，比较分析内部各单位未完成预算的原因，并对未完成预算的不良后果采取改进措施。

7. 风险控制

企业所面临的风险按形成的原因一般可分为经营风险和财务风险两大类。

经营风险是指因生产经营方面的原因给企业盈利带来的不确定性。比如，由于原材料供应地的政治经济情况变化等带来的供应方面的风险；新产品、新技术开发试验不成功，生产组织不合理等因素带来的生产方面的风险；销售决策失误等带来的销售方面的风险；此外还有劳动力市场供求关系变化、自然环境变化、税收调整以及其他宏观经济政策的变化等方面的因素，也会直接或间接地影响企业正常经营活动。经营风险多数来源于企业外部，尽管如此，企业仍应采取有效的内控措施加以防范。

财务风险又称筹资风险，是指由于举债而给企业财务成果带来的不确定性。对财务风险的控制，关键是要保证有一个合理的资本结构，维持适当的负债水平，既要充分利用举债经营这一手段获取财务杠杆的收益，提高自有资金盈利能力，同时也要注意防止过度举债而引起的财务风险的加大，避免陷入财务困境。

8. 编制业绩报告

业绩报告也称责任报告，是单位内部各级管理层掌握信息，加强内部控制的报告性文件，也是内部控制的重要组成部分。业绩报告是为单位内部控制服务的，属于管理会计的范畴，因此，编制业绩报告必须与单位内部的组织结构和其他控制方式相结合，明确反映各级管理层负责人的责任。业绩报告可以有日报、周报、月报、季报、年报等，并通过文件的形式予以规定。

（六）检查评价

内部控制的检查与评价是通过内部审计来完成的。内部审计在某种程度上可以理解为对内部控制的控制。通常可按以下程序和步骤执行。

（1）确定被审计单位内部控制的标准。内部审计将根据标准对被审计单位的内部控制的现状进行检查和判断。

（2）检查、判断被审计单位内部控制的健全情况，在分析被审计单位控制缺陷及潜在影响的基础上，即可对被审计单位内部控制的健全性做出评价。

（3）测试被审计单位内部控制的有效性。内部审计应当科学地选定具有代表性的测试样本，借以正确判断被审计单位内部控制的质量状况。

（4）写出内部控制检查与评价的最终报告。内部审计人员在其最终报告中，提出若干具体调查结论、意见、评价和建议，供单位最高管理层采纳，同时送交被审计单位的管理人员以改进内部控制。

（七）必要性

企业内部控制制度划分为内部管理控制制度与内部会计控制制度两大类。内部管理控制制度是指那些对会计业务、会计记录和会计报表的可靠性没有直接影响的内部控制。例如，企业单位的内部人事管理、技术管理等，就属于内部管理控制。内部会计控制制度是指那些对会计业务、会计记录和会计报表的可靠性有直接影响的内部控制。例如，由无权经管现金和签发支票的第三者每月编制银行存款调节表就是一种内部会计控制，通过这种控制可提高现金交易的会计业务、会计记录和会计报表的可靠性。企业单位制定内部控制制度的基本目的在于：保证组织机构经济活动的正常运转，保护企业资产的安全、完整与有效运用，提高经济核算（包括会计核算、统计核算和业务核算）的正确性与可靠性，推动与考核企业单位各项方针、政策的贯彻执行，评价企业的经济效益，提高企业经营管理水平。尤其需要指出的是，企业财务管理系统电算化已经普及，但计算机信息失控、破坏情况日趋严重，从而造成责任不明、相互推卸等问题，其关键在于计算机核算软件存在着密码缺乏牵制性，常用的密码设置方法已不适应电算化会计信息系统的管理和发展，所以财务管理电算化应提高会计信息的保密程度，避免信息泄漏及破坏实体信息。内部控制贯穿于企业经营管理活动的各个方面，只要企业存在经济活动和经营管理，就需要加强内部控制，建立相应的内部控制制度。

（八）规范内容

在建立社会主义市场经济体制和深化会计改革的过程中，企业在遵守会计准则的基础上，应从本单位会计工作实际出发，建立健全和强化自身合理的会计政策和会计控制制度。对这些会计政策和会计控制制度，应做出书面文字规定，这样，不仅有利于企业有关人员了解处理日常会计事项的政策和方法，也有利于企业会计政策的前后连贯。

1. 明确规定处理各种经济业务的职责分工和程序方法

企业要健全和强化内部组织机构，它是企业经济活动进行计划、指挥和控制的组织基础，其核心问题是合理的职责分工。在一般情况下，处理每项经济业务的全过程，或者在全过程的某几个重要环节都规定要由两个或两个以上部门、两名或两名以上工作人员分工负责，起到相互控制的作用。如汇出一笔采购货款，规定要由采购经办人填写请款单，供应计划员（或供应部门负责人）审查请款数额、内容及收款单位是否符合合同和计划，会计员审核请款单的内容并核对采购预算后编制付款凭证，最后由出纳员凭手续完整的付款凭证办理汇款结算（出纳员开出汇款结算凭证，还要通过会计员审核），前后须经四人分工负责处理。而采购汇款的报账业务，则规定要经过采购经办人填写报账单，货物提运人员提货，仓库保管员验收数量，检查员验收质量，以及会计员审核发票、账单及验收凭证，编制转账凭证报销。

2. 明确资产记录与保管的分工

规定管钱、管物、管账人员的相互制约关系，旨在保护资产的安全完整。如出纳员不得兼管稽核、会计档案保管和收入、费用、债权债务账目的登记工作；银行票据的签发印鉴，必须有两人分别掌管；向银行提取较大数额现金时，必须由两人以上，对领款、点验安全入库的全过程共同负责；仓库材料明细账要设专人稽核或另设记账员记账；管钱、管物、管账人员因故离开工作岗位或调动工作时，规定要由主管领导指定专人代理或接替，并监督办理必要的交接手续或正式移交清单。另外，现金收付的复核制及物资收发的复秤制、复点制等，也都是防错防弊的内部控制制度。

3. 明确规定保证会计凭证和会计记录的完整性和正确性要求

如对各种自制原始凭证，在格式、份数、编号、传递程序、各联的用途、有关领导和经办人签章、明细数同合计数及大小写数字一致等方面做出规定；对各种账簿记录，要求账证的一致或保持一定统驭关系的规定；还有会计核算中规定的双线核对、余额明细核对、各种报表相关数字核对，以及由此而规定的内部稽核制度等。

4. 明确规定建立财产清查盘点制度

如为了保证财产物资的安全和完整，除规定物资保管员对每项物资进行收付后，都要实行永续盘存办法核对库存账实外，还要规定财产物资的局部清查和全面清查制度，以保证账卡物相符或及时处理发生的差错。又如现金出纳员除规定每日下班前要结账清点库存现金，遇有差错要及时报告外，会计主管人员还要经常检查出纳员工作，定期或不定期检查库存现金及金库管理情况的责任。

5. 明确规定计算机财务管理系统操作权限和控制方法

（1）计算机代替手工填制记账凭证是相当容易的，并且比手工制作的凭证更规范、效率更高，但是难以给查账和审计工作提供可靠的依据。为了解决这一矛盾，可以先由计算机填制输出记账凭证，然后由有关经办人确认后签名或盖章，无签名或盖章的视作无效凭证，不得进行账务处理。设置主辅操作员进行两次输入，仅仅是为了防止数据输入时错误，对于原始凭证与记账凭证中的差错却无法校正，连事后控制的作用也发挥不了。因此，可直接由主办会计根据审核无误的原始凭证操作计算机制作记账凭证，并将数据存入一个临时数据库中，以便调出修改。同时应对输出的记账凭证确认后签名或盖章，然后交稽核员稽核。对于审核无误的记账凭证,稽核员交出纳进行收、付款,并操作计算机将主办会计存入临时库存中的凭证数据转入正式数据库存中,以便进行账务处理。

(2)电算化可以大大提高会计工作效率和会计工作的水平。但是,不能以此代替原手工会计处理中已建立起来的内部控制制度和管理制度,同时,还应加强对电算化系统的管理,这是会计系统安全、正常运行的前提。要明确系统管理人员、维护人员不得兼任出纳、会计工作,任何人不得利用工具软件直接对数据库进行操作。程序设计人员还应对数据库采用加密技术进行处理,严格按会计电算化系统的设计要求配置人员,健全数据输入、修改、审核的内部控制制度,保障系统设计的处理流程不走样变形。

(3)对会计电算化进行内部控制,主要是对存取权限进行控制。设多级安全保密措施,系统密钥的源代码和目的代码,应置于严格保密之下,从计算机系统处理方面对信息提供保护,通过用户密码口令的检查,来识别操作者的权限;利用数值项防止用户查询该用户不应了解的数据。操作权限(密级)的分配,应由财务负责人统一专管,以达到相互控制的目的,明确各自的责任,建立和评价内部控制制度的原则。

(九)执行措施

1.企业必须重视对内部控制制度管理人员的选用

内部控制制度设计得再完善,若没有称职的人员来执行,也不能发挥作用。企业的用人政策直接影响着企业能否吸收有较高能力的人员来执行内部控制制度。要杜绝账户设置不合理、记录不真实的情况,充分发挥会计控制制度的职能作用,则必须重视对内部控制制度管理人员的选用和培训,提高财会人员的素质，定期进行考评，奖优罚劣。

2. 企业必须发挥内部审计机构的作用

内部审计机构是强化内部控制制度的一项基本措施，内部审计工作的职责不仅包括审核会计账目，还包括稽查、评价内部控制制度是否完善和企业内各组织机构执行指定职能的效率，并向企业最高管理部门提出报告，从而保证企业的内部控制制度更加完善严密。

3. 应发挥国家审计机关、部门审计机构的权威性和监督作用

定期或不定期地对企业内部控制制度进行评价，以杜绝企业管理部门负责人滥用职权所造成的内部控制制度形同虚设的情况。

评价原则：① 要起到既有防错防弊，又有促进经营管理效果的作用；② 要起到事前预防和能在事中或事后及时发现工作漏洞的作用；③ 要在认真总结、科学分析的基础上，设计手续安全、业务分工合理的制约方法，切忌过于烦琐；④ 要根据情况的变化和出现的问题（如电算化管理）对相应的内部控制制度做出及时修正或建立新的内部控制制度。

（十）如何建立

企业内部控制是现代企业管理的重要手段。内部控制有效与否，直接关系到一个企业的兴衰成败。企业实行有效的内部控制制度，有助于促进企业拓展生产，提高经济效益，下面就简单介绍一下如何建立企业内部控制制度。

1. 健全管理法律法规和公司制度

企业管理内部控制，在很大程度上取决于规章制度的监管，而监管力度的大小与国家颁布的相关法律法规和公司制定的制度有关。所以，国家法律在各行业财务管理中需明确各项权利和职责，对违法行为进行严格惩罚，同时，不

断完善各项规章制度，加快各项管理的有效实施；企业管理者需要明确各岗位的工作职责和要求，保证工作和管理的顺利实施。

2. 组织机构控制

组织机构的控制包括组织机构的设置、分工的科学性、部门岗位责任制、人员素质的控制。在设置内部机构时，企业管理者既要考虑工作的需要，也应兼顾内部控制的需要，使机构设置既精炼又合理。因此，对企业内部组织结构和职责分工要有整体规划。

3. 预算控制

预算控制是内部控制的重要组成部分，其内容可以涵盖企业经营活动的全过程，包括筹资、采购、生产、销售、投资等诸多方面。所以企业管理者进行的预算控制，是为达到企业既定目标而编制的经营、资本、财务等的年度收支总体计划。

4. 风险防范控制

在市场经济中，企业不可避免地会遇到各种风险，因此为防范规避风险，企业管理者应建立风险评估机制。企业常有的风险评估内容有筹资风险评估、投资风险评估、信用风险评估。

5. 财产保全控制

企业的各种财产物资只有经过授权，才可以被接触或处理，以保障资产的安全。财产保全的主要内容有如下。

（1）限制接近资产。只有经过企业管理者授权批准的人员才能够接触现金、其他易变现资产、存货资产等。

（2）定期盘点实物。企业管理者建立定期盘点资产制度，对盘点中出现的差异应进行调查，对盘亏资产应分析原因、查明责任。

（3）财产保险。企业管理者通过对资产投保增加实物受损后的补偿机会，从而保护实物的安全。

第五节　投资者保护制度

投资者保护是一项系统工程。国家对投资者的保护主要体现在证券监管各项相互配套的制度、政策和措施当中。证券公司综合治理，不仅彻底化解了证券公司历史累积的风险，还改革完善了一系列基础性制度，形成了证券公司常规状态下的监管制度，以及证券公司经营失败状态下的处置规则，充分体现了保护投资者合法权益的宗旨。

一、国外投资者保护制度

（一）起源

美国证券市场 19 世纪中期后开始出现一些问题，虚假信息满天飞、内幕交易与操纵股价盛行，这导致许多中小投资者倾家荡产、血本无归。到了 1929 年，市场上股票价格与价值出现严重背离，不堪重负的美国股市终于崩溃，爆发了大规模的"股灾"，并波及其他领域，美国也由此进入了经济大萧条时期。经历上述"股灾"以后，美国政府开始对证券业进行有力的监管和干预，将加强对广大投资者的保护作为其立法本位。在股市泡沫破灭导致股市崩溃之后，政府成立了证券交易委员会（Securities and Exchange Commission，SEC），加强对股票市场的监督。与此同时还加快了证券市场相关立法工作，通过完善现有的法律体系和设立具有相对独立性的证券市场监管机构，加强执法力度来保护投资者利益，重建市场信心。在此之后，投资者对金融市场的信任程度缓慢回升，股票市场得到重新发展。

（二）国外投资者保护制度的主要内容

1. 立法方面

从世界范围来看，切实有效的法律法规为投资者保护机制的运作提供了良好的法律基础和制度保障。很多国家（地区）都有投资者保护的相关法律法规和相应的赔偿制度（见表 7.1）。而且，国外的投资者保护制度都是伴随着相应的法律法规配套措施一起出台的，例如《破产法》和具有纲领性意义的《证券投资者保护法》就更是不可缺少。

表 7.1　部分国家和地区投资者保护机制的法律依据

法律形式	国家或地区	名称	法律依据
有专门的法规	美国	证券投资者保护公司（SIPC）	1970 年《证券投资者保护法》
	澳大利亚	证券交易担保公司（SEGC）	1987 年《国家担保基金法》
	欧盟	投资者赔偿计划（ICSD）	1997 年《投资者赔偿计划指引》
	德国	证券交易赔偿基金（EdW）	1998 年《存款保护和投资者赔偿法案》
	爱尔兰	投资者赔偿公司（ICCL）	1998 年《投资者赔偿法》
	印度	投资者教育保护基金（IEPF）	1956 年《公司法》 1999 年修改《公司法》 2001 年《证券投资人教育及保护法规》
	中国台湾	证券投资人保护基金	2002 年《证券投资人及期货交易人保护法规》

法律形式	国家或地区	名称	法律依据
依托于《证券法》或《公司法》	中国香港	香港交易所赔偿基金	1974 年《证券条例》第 10 条
	英国	金融服务赔偿计划（FSCS）	1986 年《金融服务法》 2000 年《金融服务和市场法（FSMA）》
	日本	证券投资者保护基金	1998 年《证券交易法》
根据其他法律	加拿大	加拿大投资者保护基金（CIPF）	尚未颁布专门针对投资者保护的法律，因此 CIPF 的操作主要遵循加拿大破产清算法及其他适宜法律

资料来源：刘洁. 海外投资者保护基金制度及借鉴 [J]. 证券市场导报，2005-8.

以美国为例，为保护投资者，从 20 世纪 30 年代起，1933 年美国颁布了《证券法》，1934 年制定了《证券交易法》，这使投资者利益得到初步保护。随后，美国证券立法进一步加强，1935 年制定了《公共事业持股公司法》，1939 年制定了《信托契约法》，1940 年制定了《投资公司法》，1968 年制定了《威廉姆斯法》，1970 年制定了《证券投资者保护法》，1975 年制定了《证券法修正法案》等。这些立法角度不同的法律均将加强对广大投资者的保护作为立法本位。随着上述法律的出台和实施，投资者利益得到更为强有力的保护。2002 年，美国国会通过《萨班斯—奥克斯利法案》，在会计职业监管、公司治理、证券市场监管等方面做出了许多新的规定，目的仍然是更为全面地保护投资者利益。

2. 成立保护投资者权益的专门机构

为了维持投资者信心，保证证券市场稳定发展，帮助投资者降低投资风险，1970 年，美国根据国会的要求，成立了一个证券业的非营利性成员组织——美国证券投资者保护基金公司，基金来源包括四个方面：国会拨付的发起基金；财政部和联邦储备银行各出 10 亿美元的信用额度，即无担保贷款；每个会员公司每年所必须交纳的会费；所有资金经由投资者保护基金公司投资获得的利息收入等。该组织要求所有按照美国 1934 年《证券交易法》依法注册的证券经纪商、自营商、全国性证券交易所的会员成为自己的会员，并按照经营毛利的 5‰ 交纳会费，以建立投资者保护基金。建立证券投资者保护基金的宗旨是防范证券公司破产所带来的投资人的非交易损失，让投资者在证券商面临破产或陷入财务危机时依然能够得到应有的赔偿。证券投资者保护基金的投资者保护范围相当广泛，具体包括：因证券商周转不灵或结束营业变卖资产而造成的股票、政府债券、共同基金、票据、无抵押债券、股权、认股权证、期权、货币市场基金和可转让存单等方面的损失。

3.投资者教育

从国际上来看，很多国家和地区的投资者保护基金同时肩负了投资者教育的使命。印度投资者教育保护基金同时承担赔偿及投资者教育的职能，其会员还有义务承担投资者教育相关的研究和活动项目，在事后赔偿的同时，教会投资者加强自身风险意识，提高风险防范水平。马来西亚保护投资者的诸项举措中最重要的一条就是进行全方位的投资者教育，为投资者提供各种咨询，让投资者了解自己的经纪人，认识到存在的风险，认识各种金融产品，加强风险意识，学会风险控制技术。

在美国，证券交易委员会（SEC）提醒投资者必须清楚意识到投资是存在风险的，投资者获利的主要方法就是做研究和咨询。SEC 在它的网站上给公众提供了很多教育信息，基本上包括了美国现有的投资种类。例如：美国预托证券介绍，仲裁机构和方法，审计知识，公司破产后果，银行业务以及防范欺诈，债券知识，经纪与经纪业务及其相关投资知识，储蓄建议，内部交易、欺诈的防范和建议，投资建议，投资方式与信息的获取方法，证券交易的各种知识，等等基本上包含美国现有的投资种类。网站上还提供了上市公司存档给委员会的披露文件的数据库。除了在网站上提供信息，SEC 下还设有投资者教育和援助办公室，为个人投资者提供服务，提供投资者援助，专家可以回答投资者问题，分析投诉和寻找正式的解决方法。除了处理问题和投诉，办公室还向投资者提供免费的投资手册，帮助投资者学习如何明智理财。

4. 行业自律组织

以美国全国证券商协会（National Association of Securities Dealers，NASD）为例，它是一个行业自律性组织，依法在美国证券交易委员会注册，依据国会赋予的特殊权力对其会员进行监管，是经纪人和自营商的自我管理组织。它的主要职责是：制定与实施有关公平经营、防止欺诈行为的规则；调查解决会员之间、会员与公众之间的纠纷；帮助会员同政府机构打交道，并通过有组织的努力，促进场外交易市场的发展。全美证券交易商协会主要管理职能有：一是建立会员制度，负责所有参加全美证券商协会的会员注册，主持注册考试和注册调查；二是提供电子计算机化的统计系统、报价系统和转账清算系统，并利用该系统指导证券投资方向和资金流向，监视场外交易中各种证券交易量和证券价格的变化，防止不法交易的发生；三是贯彻执行证券交易委员会（SEC）的管理政策和规定，规定美国全国证券交易商协会（NASD）的管理制度并监督执行；四是监督、检查会员的日常经营活动。美国全国证券交易商协会（NASD）制定了一系列规则对场外交易市场进行监管，其中较为重要的有：一是交易商须在有充分证据的基础上向客户推荐股票的规定；二是交易商必须以合理的价格出售股票的规定；三是股票承销中承销费用的规定；四是场外证券市场中客户指令的执行和确认的一系列规定。

（三）国外投资者保护制度的经验借鉴

他山之石，可以攻玉。世界上已有许多国家、地区建立并实施了投资者保护制度，少数发达国家的投资者保护制度更是有了近百年历史，积累了丰富经验，当然也有许多教训，这些经验教训都值得我们借鉴、吸取。从发达国家证券投资者保护的有效性和规范性来看，国家专门立法的方式当属首选。与欧美发达国家证券市场相比，我国的证券市场尚处于发展初级阶段，包括公司治理、制度建设、市场构架等在内的多方面深层次问题都在实践和摸索之中，所以要结合我国的实际情况有步骤地完善相关的法律法规。同时，不断规范投资者保护基金的相关配套措施，以期达到有力保障投资者利益的目的。从中国实际出发，遵循国际惯例，考虑到全球化时代和互联网时代的投资者保护新情况，应突出投资者保护制度的前瞻性、可预期性、严谨性、开放性、实用性和可操作性，对投资者的各类权利的行使和救济方式做出尽可能详细、具体的规定。此外，还要提高投资者风险识别和规避能力，有效发挥行业自律。

在中国证券市场的实践过程中，投资者保护制度经历了从无到有的过程。证券市场创立之初，相关政府部门并没有明确的投资者保护规则，更多的是直接的市场秩序维护，如早期的对"深原野"的处罚。随着我国证券市场运行中投资者保护问题的日益严重，国家加快了投资者保护制度建设。

二、我国的投资者保护制度

（一）我国证券市场发展与投资者保护制度发育

从 20 世纪 80 年代中期我国股票市场出现，一直到 1990 年 12 月上海证券交易所正式开业，我国证券市场体系基本确立，广大中小投资者开始参与到证券市场运作中来。然而，与证券市场实现快速发展形成鲜明对比的是，我国证券市场立法过程长期滞后，导致证券市场运行无法可依，证券市场中频繁出现的违规问题也无法得到及时有效的惩处，投资者合法权益得不到有效保障。针对中国证券市场运行中存在的问题，几经周折，我国于 1999 年推出了旨在保护投资者利益、维护市场秩序的《证券法》，使以前一直由政府对股票市场实行严格的管制，主要依靠各种相机的政策对金融市场进行干预的做法有很大改观。2006 年 1 月起，又开始实行新《证券法》。可见，随着我国证券市场相关规章的不断健全，投资者保护制度也在逐渐完善。

（二）我国投资者保护制度的主要内容

1. 与投资者保护相关的法制建设

我国保护投资者法律法规体系由国家法律、行政法规和部门规章三部分组成。其中《公司法》《证券法》和《中华人民共和国刑法》(以下简称《刑法》)是保护投资者利益的基本法律。涉及投资者保护的法律规定主要包括以下五个方面：① 明确了立法宗旨即是保护投资者的合法权益；② 有关信息披露的相关规定；③ 禁止证券发行与交易中的欺诈行为；④ 禁止内幕交易和操纵市场行为；⑤ 对于投资者诉讼权利的规定。

为抑制股价巨幅波动给投资者造成损失和稳定市场，我国 1996 年 12 月 26 日开始实施证券市场涨跌停板制度，规定除上市首日之外，股票（含 A、B 股）、基金类证券在一个交易日内的交易价格相对上一交易日收市价格的涨跌幅度不得超过 10%，超过涨跌限价的委托为无效委托。这种制度对于投资者利益也起到一定的保护作用。

2. 设立专门的证券市场监管机构，维护市场运行秩序

我国证券监管体制的演变进程可大致分为三个阶段：第一阶段为 1992 年以前，为多头分散监管时期，表现为以中国人民银行为主导，国家计委、财政部、体改委等多方参与的"联席会"格局。由于政出多门且部门协调不够，实际操作显得十分混乱。第二阶段为 1992—1998 年的双重机构设立阶段。1992 年，国务院设立国务院证券委员会（下文简称"证券委"）和中国证券监督管理委员会（下文简称"证监会"）。其中证券委为证券市场主管机构，证监会为具体执行机构。1993 年后，国务院进一步明确授权证监会对市场进行全面监管，但两部门之间的协调依旧存在一些问题。第三阶段是 1998 年国家机构改革至今，国务院决定将证券委与证监会合并为国务院直属事业单位，同时将央行的证券监管职能移交证监会统一行使，地方证券监管机构改组为证监会派出机构，由证监会垂直领导。从此，体制上实现从简单到丰富再到相对完备，权力上从地方到地方、中央相结合再到中央集中统一，监管机构从无到有，监管依据上从政策到行政指令再到法律、法规。我国集中统一的证券监管体制大体形成。

3. 采取多种措施，积极保护投资者利益

在我国证券市场创立之初，虽然没有直接明确地指明关于投资者保护的相关政策规定，但出于维护证券市场运行秩序的考虑，相关部门还是在很多方面对投资者保护做出很多工作。

（1）证券交易所强化对上市公司信息披露的严格监管。在《深圳证券交易所股票上市规则（2004 年修订）》第十章和《上海证券交易所股票上市规则（2004 年修订）》第十章中，有专门条款对上市公司关联交易的信息披露进行了详细的规定。两家交易所对违反相关规则的上市公司采取的相应处理措施，在对其他上市公司形成告诫的同时，也在很大程度上保护了投资者的利益。

（2）启动投资者关系管理工程。深交所在 2003 年年初将"启动投资者关系管理工程"列为全年重点工作之一，8 月组织了国内首次投资者关系管理普及状况的大型调查，10 月份颁布了国内第一个《上市公司投资者关系管理指引》，并于 2003 年 10 月 22 日在深圳举办了"投资者关系：市场各方的责任"高级研讨会。

（3）推进交易制度创新。深交所于 2003 年 3 月 3 日将基金申报价格的最小变动单位由 0.01 元人民币调整为 0.001 元人民币，抑制了基金市场"夹板"套利现象，促进了投资者之间的价格竞争和参与的公平性。

（4）配合证监会建立了上市公司股东大会网络投票制度。中国证监会于 2004 年 11 月 29 日专门发布了《上市公司股东大会网络投票工作指引（试行）》。为配合证监会的行动，确保社会公众投资者表决权的行使，深圳、上海证券交易所均发布了有关上市公司股东大会网络投票的实施细则，并建立和完善了有关技术系统。

目前，深交所提供互联网和交易系统两种方式供社会公众股股东投票，上交所则只提供交易系统方式投票。上市公司股东大会网络投票制度的建立，更加有效和充分地保护了社会公众股股东的表决权。

4. 设立专门的投资者保护基金公司

为了使投资者保护制度更加符合社会主义市场经济运行的要求，改变传统的行政干预和政府制定的投资者保护制度的不足，根据国际上投资者保护的通行做法，我国于 2005 年 9 月 29 日，成立中国证券投资者保护基金有限责任公司。

根据国家相关法规，中国证券投资者保护基金有限责任公司具有以下五种功能。

（1）充分保护投资者的合法权益。当证券公司出现关闭、破产等重大风险时，保护基金制度可以根据国家政策授权，通过简捷的渠道快速地对投资者特别是中小投资者予以保护。退一步讲，即使投资者保护基金公司没有对投资者的债权做出全额赔偿支付，但只要它存在，就能对市场的稳定运行起到一个"最终安全网"的信心支持作用。

（2）从证券市场角度看，投资者保护基金制度有利于市场的稳定，增强投资者对证券市场的信心，防止证券公司个案风险的传递和扩散。

（3）对监管体系而言，投资者保护基金公司与现有的国家行政监管部门，包括证券业协会和证券交易所等行业自律组织、市场中介机构等共同组成了全方位、多层次监管体系，可以有效地提高监管效率，进而实现保护投资者的既定目标。

（4）就风险处置机制而言，投资者保护基金公司的设立，一改"国家买单"为"市场运作"，改变了证券公司的市场退出模式，有利于券商破产清算机制的形成，促进证券公司风险防范和处置长效机制的建立。

（5）建立投资者保护基金公司是投资者保护制度与国际惯例接轨的直接体现，为我国建立国际成熟市场通行的证券投资者保护机制搭建了平台，有助于我国建立国际化的成熟市场。

（三）我国现行投资者保护制度存在的问题

虽然我国相关部门不断加强投资者保护力度，从立法、监管和机构设置等方面做了大量工作，并取得了一定的成就，但总体来看，我国现行投资者保护制度还存在一些不完善的地方。

1. 投资者保护立法进展较好，但缺乏良好的可操作性

为了给证券市场运行创造良好的法制环境，我国从 2006 年 1 月开始实行新《证券法》和新《公司法》，随着时代进步对原有法律做出重要修订，以适应现实投资者保护实践。但目前我国投资者权益法律保护工作仍存在不少困难和缺点，投资者权益面临着来自政府部门、大股东、公司经营者、中介机构等其他各方主体的侵害。董事和经理在公司治理中的透明度、负责性和诚实性普遍较差，大股东滥用其一股独大的控制股东地位、侵害公司财产、侵犯中小股东利益的问题更是屡见不鲜。这暴露出了证券市场监管机构和司法机构在执行《公司法》和《证券法》方面的低效率，更暴露出了广大中小投资者在依法护权方面的软弱和无奈。可见，当前我国远未形成保护证券投资者的统一、全面的法律制度。

2. 我国券商退出机制不完善

应当认识到，投资者保护作用的发挥是以券商合规退出为前提的。证券公司作为一种市场主体，必然存在经营失败和市场退出的问题。可是目前，我国证券公司的市场退出及配套制度存在明显的不规范性和任意性，投资者保护缺乏规范体系。从我国的现状来看，证券公司的退出还停留在较低层次，基本以被动退出、行政干预为主。证券公司是否退出、如何退出，证券兼营机构的整顿、合并重组等均由政府决定。这种行政主导的退出缺乏规范性，容易造成交易成本的提高和效率的损失。

3. 投资者保护制度各相关主体道德风险、逆向选择倾向

我国于 2005 年成立了投资者保护基金公司，公司的建立有助于完善投资者保护的赔偿机制。但是，公司的建立可能引发"道德风险""逆向选择"问题。

首先，投资者的道德风险与逆向选择问题。从道德风险看，由于保护基金

的设立和运作，客户面临的风险相当于获得了充分的保证或保险，客户可能不会审慎选择一个财务稳健的证券公司并认真评估其业务操作能力。因此，保护基金运作的结果很可能是充当了针对投资者风险损失的免疫剂，削弱了投资者审慎做出投资判断的动力，从而放弃了对券商的选择权。市场一旦放弃了这种权利，券商出现违规行为的情况就会越来越多，不利于券商的优胜劣汰，容易造成资源浪费。从逆向选择看，中小投资者在选择哪家证券公司作为经纪商的时候，本来应考虑证券公司的信用水平，但是有了投资者保护基金，中小投资者也可能不会特别在意券商是否信誉好、实力强、运作规范，而只会在乎券商中哪家收费低廉，认为无论选择哪家券商自己的资产都能得到同样的保护。通常经营风险越大，实力越弱的券商越愿意采用更低的收费来吸引投资者，于是经营差的券商就成为广大投资者选择的对象。

其次，证券公司的道德风险与逆向选择。从证券公司的道德风险角度看，一是证券公司有从事高风险投资活动的偏好。一家证券公司为了维系投资者信心所必须花费的成本全部由保护基金公司来承担，这将大大削弱证券公司降低风险的动力，变得不再努力防范和控制风险。此外，证券公司的有限责任制度与保护基金制度结合带来的风险转移承担的可能性更大，可能会使股东在管理和控制证券公司经营风险方面的勤勉性和积极性因保险保护而大大降低。根据《管理办法》，保护基金的会员包括所有证券公司，保护基金本身并没有对证券公司的风险评估体系做明确规定。保护基金体制作为强制性的安全网，专为保护投资者的资产安全而设，在预防证券公司及其股东的道德风险方面却没有起到实质性的作用，其所产生的道德风险比客户所产生的道德风险更加严重。甚至，证券公司及其股东的道德风险可能会逐渐演变成为整个证券业的道德风险，带来更多不利的影响。二是证券公司编造虚假信息，误导投资者。《管理办法》规定所有在中国境内注册的证券公司，按其营业收入的 0.5%~5% 缴纳基金，管理、运作水平较差、风险较高的证券公司，应当按较高比例缴纳基金。各证券公司的具体缴纳比例由基金公司根据证券公司风险状况确定，报证监会批准，并按年进行调整。评估一个金融机构的财务风险要掌握全面而且可靠的信息，并在此基础上进行专业的技术分析。问题券商会为降低缴纳的基金费用而制造虚假信息，从而蒙骗、误导投资者。证券公司的逆向选择问题同样值得关注。不合理的证券投资者保护基金制度可能会产生"劣商驱逐良商效应"，这就是所谓的"逆向选择"。按照我国《管理办法》，所有在国内注册的证券公司都要参加"保险"，这在一定程度上避免了"劣商驱逐良商效应"，虽然《管理办法》规定了 0.5%~5% 的差别费率，但是缺乏衡量券商缴费标准的具体科学方法，差别费率并不能充分体现各家券商的实际风险差别，可能导致只有"劣商"才愿意参加"保险"，而"良商"并不愿意参加"保险"。在基金公司没有强制"入会"规定的时候，"良商"将被驱逐。保护基金运作所衍生的对投资者资产安全的强制保险保护性质，很可能会弱化证券公司之间的有序竞争，使证券公司在提高自身的投资者保护水平、赢得市场竞争优势方面降低甚至丧失动力，违背市场竞争优胜劣汰规律，损害证券市场资源配置的效率。

三、相互配套的投资者保护制度

目前在证券公司监管工作中已形成了六个方面相互配套的投资者保护制度。

（一）以诚信与资质为标准的市场准入制度

建立和完善包括机构设置、业务牌照、从业人员特别是高级管理人员在内的市场准入制度，通过行政许可把好准入关，防范不良机构和人员进入证券市场，是保护投资者的重要措施之一。设立证券公司必须满足法律法规对注册资本、股东、高级管理人员及业务人员、制度建设、经营场所、合规记录等方面的设立条件；在准入环节对控股股东和大股东的资格进行审慎调查，鼓励资本实力强、具有良好诚信记录的机构参股证券公司；业务许可与证券公司资本实力挂钩，要求证券公司必须达到从事不同业务的最低资本要求。通过采取这些措施，建立以诚信与资质为标准的准入机制，已经成为保护投资者合法权益的重要手段之一。

（二）以第三方存（托）管为基础的客户资产保护制度

客户资产所有权是投资者最基本的权利。在证券公司综合治理期间，证监会有针对性地对客户资产保护制度进行了改革。客户资产保护要求规范证券公司为客户开立的证券账户和资金账户。账户是证券公司客户服务的基础，规范账户管理不仅是全面实现第三方存管的必然要求，也是提高证券公司投资者管理和服务水平的基础，对于提高证券市场透明度，增强监管工作有效性和落实《中华人民共和国反洗钱法》都具有重要意义。为推进证券市场基础制度改革，中国证监会全面展开了账户规范工作，制定和公布了相关的标准、期限、实施方式和程序，督导各证券公司按照名实相符、证券账户与资金账户一一对应的要求，通过客户自我规范、逐步采取限制性措施、休眠账户另库存放、不规范账户中止交易等办法解决账户管理中累积的各种问题；进一步严格新开账户管理，加大对新增或使用不合格账户的监控和处理力度，同时，健全和完善账户管理办法，建立账户规范管理的长效机制。在账户规范的基础上，实施了对经纪业务客户交易结算资金由商业银行第三方存管，对经纪业务客户证券由证券登记结算机构登记、存管，对资产管理业务的客户资金和证券由第三方托管的客户资产保护制度。上述制度明确要求证券公司将自有资产与客户资产分别管理，在证券公司与存（托）管机构之间建立了相互制衡的监督制约机制，明确了各方的责任，在制度上保证客户资产不被挪、不敢挪、不能挪，从根本上确立了客户资产安全保障机制。

（三）以信息真实透明为目标的信息公开披露制度

信息公开披露制度是保障投资者知情权和公平交易权的基本制度，也是投资者保护的基本措施之一。证券公司信息公开披露制度要求所有证券公司实行基本信息公示和财务信息公开披露，通过中国证券业协会网站和公司网站等渠道真实完整地披露包括公司基本情况、经营性分支机构、业务许可、新产品、高管人员等信息，并在每一个会计年度结束后进行财务信息公开披露。通过现场检查和非现场检查、行政监督、年报审计等多种手段和措施，确保证券公司披露信息的真实完整，将信息强制性披露与自主性披露结合起来，提高证券公司经营活动和财务状况的透明度，有助于投资者了解证券中介机构的状况及其变化，在自主识别机构风险的基础上选择证券公司，并加强对证券公司的监督。

（四）以净资本为核心的经营风险控制制度

为完善证券公司经营风险的识别、计量和预警机制，防范投资者合法权益因证券公司经营失败受到侵害，2006 年我国开始建立和实施以净资本为核心的日常经营风险监控制度，强化风险量化和动态监控。以净资本为核心的风险控制指标体系包括两个层次的风险控制指标：一是规定净资本绝对指标和相对指标，使公司业务范围与其净资本充足水平相匹配；二是要求证券公司根据业务规模计算风险资本准备，并确保净资本大于各项风险资本准备之和，以实现对各项业务总体规模的间接控制，以此建立业务规模与净资本水平动态挂钩的监控机制。

（五）以风险提示为主要内容的投资者教育制度

投资者自我保护是投资者保护体系中必不可少的一环。规范证券公司营销行为，要求证券公司在营销活动的各个环节如实介绍产品并充分揭示风险，是培育和增强投资者自我保护意识及自我保护能力的重要措施。在证券公司营销活动中，正逐步建立以诚实推介、风险提示为主要内容的投资者教育制度。要求证券公司从事营销业务，事先应充分了解客户的身份、财产与收入状况、证券投资经验和风险偏好，并根据客户的情况推荐适当的产品和服务。证券公司推介产品，应充分揭示风险、介绍业务规则、普及投资知识，让投资者熟知自己的权利与义务，充分理解"买者风险自负"原则，真正明白"股市有风险，入市须谨慎"的具体含义。通过强化证券公司投资者保护意识，将法规宣传、知识普及和风险揭示有机融入证券公司的各个业务流程，切实提高投资者的风险意识和自我保护能力。

（六）以"依法清偿、适当收购"为原则的投资者补偿制度

事后补偿是证券公司经营失败后保护投资者权益的一项重要措施。在证券公司综合治理过程中，相关部门一起认真总结以往的经验教训，仔细研究、反复论证市场的发展状况和投资者的承受能力，并适当借鉴成熟市场的相关法律与案例，最终确定按照"依法清偿、适当收购"的原则处理个人债权问题，对

破产关闭的证券公司实施了客户证券交易结算资金合法本息全额收购及个人债权打折收购的收购政策。这一收购政策适当改进了以往政府全盘承担被处置金融机构个人债务的做法，一方面保护了广大中小投资者的利益，保持了政策的连续性、稳定性，有利于社会稳定；另一方面也引导各类市场主体树立风险意识，建立市场约束机制。这一政策的实施实现了金融机构风险处置机制的重大突破和进步，意义重大。

2005 年保护基金成立，标志着证券公司风险处置由国家收购向通过证券市场自身积累化解风险过渡，市场化的风险处置长效机制开始建立。目前，保护基金公司已经向证券投资者偿付了 214 亿元，保护了 700 余万经纪业务客户和 6 万多名个人债权人的权益，在保护投资者权益、维持投资者对证券市场信心方面发挥了积极作用。

通过建立和实行上述制度，证券公司监管中投资者保护措施全面强化，客户权益受非法侵害的可能性明显降低。但是，建立和完善适合中国资本市场发展的证券投资者保护制度是一项系统性工程，具有长期性和艰巨性。中国证监会强调将"保护投资者权益"作为监管工作的重中之重，进一步完善相关法律、法规体系建设，推动中国证券市场投资者保护制度的逐渐完善。已经确立的制度要坚决落实，有的制度还有待在实践中进一步明确和完善。

第八章　法制与监管

第一节　法律制度体系概况

法制先行是我国资本市场发展的重要指导思想。到目前，我国资本市场的法制建设取得了显著的成就，法律、行政法规、部门规章、司法解释、自律规则等构成的法律制度体系日臻完善，保障了我国资本市场的健康稳定发展。

一、我国资本市场法律制度体系框架

按照发布主体和法律效力的不同，我国资本市场的法律制度体系可以分为如下五个层次。

（一）法律

现行的证券法律由全国人民代表大会或其常务委员会制定，主要包括《证券法》《公司法》和《证券投资基金法》（以下简称《基金法》）3部。

（二）行政法规和法规性文件

行政法规和法规性文件，由国家最高行政机关国务院及其办公厅制定。

（三）部门规章和规范性文件

部门规章和规范性文件，由证监会单独或联合相关部委制定。

（四）司法解释

司法解释，由最高人民法院、最高人民检察院等司法部门，针对在审判和检察工作中法律法规具体适用问题而制定。

（五）自律规则

自律规则，由交易所、登记公司、协会等自律组织制定，如上市规则、交易规则、登记结算规则等。

二、我国资本市场法律制度体系的历史沿革

法制建设与资本市场发展相辅相成。伴随着我国资本市场的发展，资本市场法律制度体系建设大致经历了起步、成长、发展完善三个阶段。

（一）起步阶段

这个阶段从 1990 年 12 月上海、深圳证券交易所开业，到 1992 年国务院证券委和证监会成立。

在这个阶段，资本市场制度和规则开始建立，证券期货法律监管体系以地方政府行政规章和交易所业务规则为主。

但是这一阶段的法制建设由于缺乏全国统一的法律规范和有效监管，暴露出了较大的弊端，集中体现为1992年深圳"8·10"事件。为了加强对证券市场的监管，1992年10月，国务院证券管理委员会和证监会成立，标志着中国资本市场开始逐步被纳入全国统一监管框架。

（二）成长阶段

这个阶段从1992年年底国务院证券委和证监会成立，到1998年年底《证券法》颁布。该阶段，资本市场各组成部分迅速扩大，并由原来的区域性市场转变为全国统一的大市场。

伴随资本市场开始由地方性转变为全国性，资本市场法制建设的主导权也由地方转移到中央，因为资本市场的统一，首先是法制和规则的统一，资本市场多部行政法规出台，行政规章也快速增加，资本市场法律制度初步形成。

（三）发展完善阶段

这个阶段从1998年年底《证券法》颁布，经2005年"两法"修订至今。证券期货法律制度从数量到质量、从制定到执行，都发生了质变，进入了一个崭新阶段。

三、资本市场法律制度体系的主要内容

经过多年的探索与实践，我国资本市场形成了比较完备的法律制度体系，

其主要内容有：证券发行监管制度、创业板市场监管制度、上市公司监管制度、市场交易监管制度、证券公司监管制度、基金监管制度、期货监管制度、证券服务机构监管制度、稽查执法制度等。

（一）证券发行监管制度

近年来，证监会积极推进证券发行基础性制度的改革和完善，相继出台证券发行业务管理办法及相关细则与指引，形成了一套较完备的证券发行法规体系，不仅有利于从源头上提高上市公司质量，而且有利于优质上市公司利用资本市场加快发展，做优做强。这些制度包括：

（1）完善证券发行核准制度。

（2）建立和完善保荐制度。

（3）进一步完善发行审核委员会制度。

（4）建立和完善询价制度。

（5）建立外资股发行上市监管制度。

（二）创业板市场监管制度

2009年10月，创业板市场正式启动，成为2009年全球资本市场的一大亮点，适合中国创业板市场特点的制度体系基本形成。

一方面，建立首次公开发行股票并在创业板上市制度。2009年3月，证监会发布了《首次公开发行股票并在创业板上市管理暂行办法》。

另一方面，推行创业板投资者适当性管理制度。为引导投资者理性参与创业板证券投资，证监会颁布了《创业板市场投资者适当性管理暂行规定》，督促各自律机构和证券经营机构落实投资者适当性管理的各项要求，建立健全工作机制和业务流程，强化投资者教育和风险揭示，构建创业板投资者交易平台。

（三）上市公司监管制度

通过多年的努力，证监会逐步建立并完善了包括信息披露、公司治理、并购重组等方面在内的符合资本市场发展的上市公司监管法规体系，使理念落在实处、监管有法可依。

（四）市场交易监管制度

我国目前已经形成了《证券法》《证券交易所管理办法》、证券交易所交易规则及相关业务细则三个层次的证券交易法律制度体系，对于证券交易中涉及的各种法律问题做了明确规定。

（五）证券公司监管制度

证券公司监管法律制度体系与当前市场发展的情况基本适应，基本能够满足证券行业发展的需求。这些制度包括：

（1）健全相关行政许可制度。

（2）实行分类监管制度。

（3）建立合规管理制度。

（4）建立以净资本为核心的风险监管制度。

（5）建立证券经纪人制度。

（6）强化分公司监管制度。

（六）基金监管制度

为推动基金业的发展，证监会针对基金管理公司治理结构、内部控制、股权结构、高管配置、基金销售、风险控制、信息披露等各关键环节，不断补充完善基金配套法规体系，已经形成了以《基金法》为核心、7 个部门规章为主体、其他规范性文件为补充的基金监管法规体系。

（七）期货监管制度

为了适应我国期货市场健康发展的需要，2007 年 3 月，国务院修订发布《期货交易管理条例》（以下简称《条例》）。新《条例》系统地修改了原《期货交易管理暂行条例》中为清理整顿期货市场而设的临时性措施，充实了有关完善风险管理体系和加强监督管理的要求，为期货公司营业部审批等多项期货行政许可事项明确了法律依据，也赋予了监管机关采取必要的监管手段和行政处罚措施的法定权力。

（八）证券服务机构监管制度

这些制度包括：

（1）建立证券投资咨询业务监管制度。

（2）健全资信评级机构管理制度。

（3）加强资产评估机构和会计师事务所监管制度建设。

（4）健全律师从事证券法律业务监管制度。

（九）稽查执法制度

这些制度包括：

（1）大力加强稽查执法力量。

（2）创新建立"查审分离"执法体制。

（3）着力构建综合执法体制。

四、资本市场法律制度体系的主要特点

我国资本市场的法律制度体系，立足于遵循市场经济运行的基本规则，适应资本市场进一步发展的需要，同时又考虑了中国国情和资本市场所处的发展阶段，其主要特点如下。

（一）以市场约束为导向，切实转变监管职能

证监会主动适应市场发展的形势要求，立足于强化市场约束和主体制衡机制，发挥市场自我调节和自我稳定功能，按照"加强监管、放松管制"的原则，及时总结实践经验，科学界定监管职能，合理配置监管职权。具体措施包括：

（1）大幅取消和调整行政许可项目，全方位扩大市场主体经营自主权。

（2）积极培育行业自律，强化交易所和协会的自律监管功能。

（3）高度重视证券期货经营机构合规制度建设，提升市场主体规范经营水平。

（4）充分发挥专业中介机构的作用，强化市场约束和监督机制。

（5）创新行政管理方式，大力推进监管信息公开。

（6）努力探索诚信监管方式，逐步形成诚信约束机制。

（二）以健全制度为重点，推进科学民主决策

中国资本市场的每一项改革、每一项制度，无不关系到千百万投资者的合法权益。为切实保护投资者，证监会努力建立健全科学民主的决策机制，完善相关工作制度，确保做到依法决策、科学决策、民主决策。

这些制度包括：

（1）建立健全集体决策制度。

（2）建立健全专家决策咨询制度。

（3）建立健全公众参与决策制度。

（三）以规范权力运行为核心，推进执法体制改革创新

（1）立足"查审分离"，创新建立资本市场"行政法官"制度。

（2）围绕严格程序，全程规范行政执法行为。

（3）针对自由裁量，专门建立规范制度和制约机制。

（四）以落实责任为抓手，不断强化执法监督

（1）狠抓行政执法责任制落实。

（2）深化辖区监管责任制。

（3）强化行政监察责任制。

（4）狠抓行政复议监督和接受司法监督。

第二节　执法体系和诚信体系

一、执法体系

经过多年探索，中国资本市场构建了一个以"查审分离"为基本特征，调查与处罚权力相互制约，稽查局（首席稽查办公室）、稽查总队、派出机构稽查力量分工协作，行政处罚委员会专司审理的执法体系，打击了证券、期货违法违规行为，保护了投资者的合法权益，维护了资本市场秩序。中国资本市场的执法体系已经成为资本市场规范、有序运转的重要支撑。

（一）执法体制的演变

自 1992 年证监会成立以来，证监会的证券执法体制历经变化，逐步改进。到目前，初步形成了具有中国特色，符合我国证券期货市场发展阶段和监管需要的执法体制。

（二）稽查局（首席稽查办公室）

在中国资本市场现行的执法体系中，稽查局是最早设立的一个机构，起初的职能包括调查与审理两个方面。2002 年决定建立"查审分离"的执法体制后，稽查局的机构设置以及职能定位，进行了两次大的调整。稽查局的设立及机构与职能调整，从一个侧面反映了我国资本市场执法体系的演变。

1. 职能和机构设置

稽查局（首席稽查办公室）负责拟定证券期货执法的法规、规章和规则，组织非正式调查，办理立案、撤案等事宜，组织重大案件查办。首席稽查办公室与稽查局为同一机构。内设 9 个处室，分别为：综合处、协调处、立案处、3 个督查处、复核处、执行处、反洗钱与涉外案件调查处。

2. 执法机制

现行执法体制，立足于我国现实环境，借鉴了一些国家的先进经验，确立"及时发现、及时制止、及时查处"的"三及时"原则作为稽查执法的基本方针，把创新执法模式作为提高执法效力的有效途径，坚持把"铁案原则"作为稽查执法的根本要求，不断增强稽查执法合力，构建了完善的执法协作机制。

（三）稽查总队

稽查总队虽然成立较晚，但力量快速加强，已经成为打击证券、期货违法违规行为的主力部队。

1. 职能和机构设置

2007 年 11 月，针对证券市场改革进程以及违法违规案件多发的态势，经国务院批准，中国证监会实行"查审分离"的执法体制改革，加强稽查力量，组建稽查总队，主要负责承办证券期货市场内幕交易、市场操纵及严重的虚假陈述、欺诈发行等重大、紧急、敏感类和跨区域案件调查。稽查总队设立党委、纪委及 20 个职能处室。

2. 工作机制

为规范稽查执法行为，严格依法办案，提升执法质量和水平，稽查总队组建伊始就依据相关法律法规精神，立足办案实际，及时着手制定了涉及现场取证、内审复核、集体合议、疑难会商等涵盖稽查办案全程的制度文件，确保案件查办的各个环节有法可依、程序规范、标准明确、有章可循。

（四）行政处罚委员会

设置行政处罚委员会，实施查、审分离，是资本市场执法体系建设和执法机制设计的重要创新，对提高行政执法质量发挥了重要作用。

1. 职能和机构设置

（1）草拟行政处罚案件审理、听证等工作的规则、实施细则。

（2）负责行政处罚案件的审理、听证工作，对行政处罚案件提出处罚建议。

（3）负责全系统行政处罚工作的调查研究、监督指导。

（4）负责重大行政处罚案件的执法协调等。

2. 工作机制

行政处罚委员会借鉴法院合议庭的特点，实行"主审—合议"的工作机制。把个人负责制与集体决策结合起来，既发挥主审委员在案件审理中的作用，提高专业性，也注重合议委员从不同角度提出的意见，加强对主审委员的制衡，提高案件审理质量，防止滥用职权和道德风险。

（五）行政复议委员会

行政复议是把解决群众利益诉求纳入制度化、规范化、法制化轨道的重要制度，是解决行政争议、化解矛盾的法定机制。2007年，证监会行政复议委员会正式组建，由此促进证监会规范和细化了行政处罚、行政许可、行政监管措施等一系列监管工作程序，提高了信息公开水平，改进了行政许可工作，加大了信访答复等工作力度，充分显示了行政复议在维护资本市场健康稳定发展和推进资本市场依法行政过程中的重要作用。

（六）执法成效

2002—2010 年年底，证监会共调查案件 11462 起（其中正式立案 796 起），移送公安部案件及线索 156 起，移送地方公安机关打非案件线索 651 起。特别是稽查总队和处罚委成立以来，案件调查进度加快，审理周期缩短，复议率不断下降且复议后改变处罚结果的明显减少，诉讼案件尚无一起败诉。

二、诚信体系

资本市场要求有完善的信用体系和较高的诚信水平作为支撑。我国资本市场建立以来，不断加强诚信建设，大力倡导、贯彻诚实信用原则，基本形成了符合我国资本市场实际需要的诚信建设体系，初步建立起以诚信法律制度为依据、以诚信档案制度为依托、以失信惩戒制度为重点、以诚信教育机制为补充的诚信监管制度。

（一）资本市场诚信建设体系

2006 年，证监会制定出台了《中国证券期货市场诚信建设实施纲要》（以下简称《纲要》）。此《纲要》是资本市场诚信建设的纲领性、指导性文件，强调了推进诚信建设的重要性和紧迫性，明确了推进诚信建设的指导思想、基本原则，提出了当前和今后一个时期推进诚信建设的总体目标、主要任务和措施。

为了切实加强诚信建设工作的组织和领导，证监会成立了诚信建设领导小组，证监会主席、副主席担任领导小组组长、副组长。领导小组成立以来，证监会切实加大诚信建设工作的力度，注重加强对行业诚信建设的统一组织、部署，加强指导、协调，广泛动员行业自律组织和市场机构、人员参与诚信建设，全力推动党和国家有关方针政策的全面落实和《纲要》的全面实施。

（二）资本市场诚信法律制度

我国资本市场的法律制度建设，一贯强调诚实信用原则，将基本的诚信义务纳入法律规范。随着我国资本市场法律制度体系的基本形成，资本市场诚信法律规范也渐趋完备，逐步形成了法律、行政法规、规章及规范性文件、自律规则一脉相承，民商事规范、刑事规范、行政规范、行业规范相辅相成的制度体系。

（三）资本市场诚信档案制度

为促进资本市场诚信建设，按照国务院关于"完善行业信用记录"的具体要求，证监会制定了《证券期货市场诚信档案管理办法（试行）》等文件，规定建立诚信档案数据库系统，记录资本市场各类参与主体的违法违规和重大失信行为，并详细规定了应当记入诚信档案的违法违规和重大失信行为信息的范围、标准，明确了信息的录入、更新和维护要求，制定了一整套工作程序和责任机制，从而初步建立起资本市场诚信档案制度。2008年，我国资本市场第一个统一的"诚信档案"正式建成并运行。

（四）资本市场失信惩戒制度

近年来，证监会在不断加大稽查处罚工作力度，及时查处内幕交易、"老鼠仓"、虚假陈述、操纵市场等违法违规案件的同时，按照监管信息公开的要求，通过证监会互联网站，及时将行政处罚决定、市场禁入决定、重大案件调查信息、保荐代表人信用信息等向社会予以公布。此外，交易所、中国证券业协会等还将纪律处分信息，以及上市公司大股东违背承诺、占用上市公司资金等重大失信行为信息予以公开，较为有效地发挥了诚信警示教育作用，有助于加强对市场诚信的社会监督。

（五）资本市场诚信教育机制

诚信建设的根本在于道德文化建设，道德文化建设本质上要靠教育。近年来，证监会按照党中央、国务院的有关要求，立足资本市场实际，创新工作形式，大力开展"以诚实守信为荣，以见利忘义为耻"为核心的行业诚信宣传、教育和培训工作。一是坚持教育与监管一体，"寓教育于监管"；二是将诚信宣传教育与法制宣传教育、投资者教育、文化建设等相结合，扩大诚信教育的途径，增强诚信宣传的实效；三是重视"以案说法"，通过现实案例增强诚信宣传教育的效果；四是"寓教育于培训""寓教育于考试"。

第三节　监管体制

监管体制建设是资本市场规范、有序运行的重要保障，在资本市场制度建设中具有突出地位。几十年来，为适应发展与改革的需要，我国资本市场的监管体系不断调整与完善，有效地维护了资本市场秩序，有力地促进了资本市场发展。

一、统一监管体制建立

中国证券监督管理委员会对全国资本市场实行集中统一监管的监管体制。从 1981 年中国恢复国债发行以来，监管体系经历了由分散监管、多头监管到集中统一监管三个发展阶段。

（一）分散监管阶段（1981—1992 年 5 月）

从 1981—1985 年，我国证券市场以国债发行为主，股票和企业债券发行很少。在这一时期，对证券市场的监管是分散的、不成体系的。1986 年以后，以柜台交易形式存在的股票交易市场开始起步，国债二级市场也逐步形成，特别是 1990 年上海、深圳两家证券交易所相继成立，股票交易开始有了集中的场内场所，市场规模有了一定程度的扩大。与此相适应，市场监管体系也初见雏形。

（二）多头监管阶段（1992 年 5 月—1997 年年底）

在这一阶段，证券市场的规模逐步扩大，并迅速从地方性市场发展为全国性市场。全国性统一市场的发展，必然要求中央政府担负起证券市场监管职责。这一阶段的主要特点表现为：

（1）证券委是国家对全国证券市场进行统一宏观管理的主管机构。

（2）国务院其他部委具有相当一部分证券监管权力。

（3）地方政府和行业主管部门负责选拔推荐公开发行股票的企业。

（4）上海、深圳证券交易所作为我国当时最主要的自律机构，担负了对证券交易市场的日常管理工作。

（三）集中统一监管阶段（1997年年底至今）

随着我国证券市场的迅速发展，为加强对证券市场的规范化建设，防范和化解市场风险，1997年8月，国务院决定将上海、深圳证券交易所统一划归证监会管理。

这一阶段是我国证券市场监管体系适应市场发展要求的改革完善阶段，监管体系也顺利实现了从地方到中央、从分散到集中、从多头到统一的转变，集中统一的监管体系得以建立。

二、证监会的历史沿革

证监会是国务院直属事业单位，是我国证券市场的主管部门，按照国务院授权履行行政管理职能，依照相关法律、法规对全国证券市场进行集中统一管理，维护市场秩序，保障其合法运行。证监会的历史沿革大致经历了三个阶段。

（一）成立之初与证券委并行阶段（1992—1997年）

证监会成立于1992年10月26日，与证券委同时成立。当时，证券委是国家对证券市场进行统一宏观管理的主管机构，其主要职责是：负责组织拟定有关证券市场的法律、法规草案；研究制定有关证券市场的方针政策和规章，制定证券市场发展规划等。

证监会是证券委的监管执行机构，其主要职责是：根据证券委的授权，拟定有关证券市场管理的规则；对证券经营机构从事证券业务，特别是股票自营业务进行监管；会同有关部门进行证券统计，研究分析证券市场形势并及时向证券委报告工作、提出建议等。

（二）统一监管体制建立阶段（1997—2004 年）

1997 年 8 月，上海、深圳证券交易所划归证监会管理。

1998 年 4 月，国务院决定撤销证券委，将其全部职能和人民银行履行的对证券经营机构的监管职能划入证监会。

1998 年 9 月，国务院再次核定了证监会的"三定方案"，进一步明确证监会为国务院直属事业单位，是全国证券期货市场的主管部门，并强化了证监会的职责。

1999 年，《证券法》从法律上确立了证监会作为我国证券市场监管机构的地位。

（三）进一步加强和完善阶段（2004 年至今）

2004 年，根据国务院机构改革方案，国务院又一次重新核定了证监会的"三定方案"，进一步对证监会的职能进行了调整和强化，将原中央金融工委承担的管理部分证券公司领导班子、领导成员及国务院派驻证券公司的监事会监事的职责划入证监会。

2006 年 1 月 1 日起施行的修订后的《证券法》，再次明确证监会为我国证券市场监管机构。

2007 年，为健全证券执法体制，国务院批准证监会对证券执法机构进行了调整，在证监会设立行政处罚委员会，合并稽查一局、二局为稽查局，设立证监会稽查总队，充实证监会派出机构稽查力量。

三、证监会派出机构的演变

1999 年 7 月 1 日，原地方证券管理部门统一挂牌，设置为证监会的派出机构。在这些年来的努力下，派出机构逐步实现了观念和职能的转变，在市场监管各个方面充分发挥一线监管职能作用，认真履行各项监管职能，为我国证券期货市场的改革开放和规范发展做出了重要贡献。目前，证监会派出机构已发展为 36 家证监局、2 个专员办、共 1900 多名工作人员的监管队伍，成为证监会一线监管的主要力量。证监会派出机构的发展演变，大体上经历了三个阶段。

（一）集中统一监管体制确立之前的多头管理阶段（1997 年以前）

这一阶段，尽管证券委和证监会对全国市场实施管理，但各省、市地方政府下辖的证券管理部门在地方证券管理中仍发挥着主要作用。

（二）集中统一监管体制初期的系统整合阶段（1998—2004 年）

随着证券市场规模的迅速扩大，监管力量与监管工作实际需求之间的矛盾日益突出，为此，1998 年，证监会接收全国各省、自治区、直辖市、计划单列市的证券管理部门，并于 1999 年正式挂牌成立 36 家证监会派出机构，建立了三级监管体制，实现了对证券、期货的集中统一监管。

（三）以辖区监管责任制为引导的逐步完善阶段（2004 年至今）

2004 年，根据《关于中国证券监督管理委员会派出机构设置和人员编制的批复》，证监会派出机构统一更名为证券监管局。目前，全国共有 36 个证券监管局，以及上海、深圳证券监管专员办事处。同年，证监会机关有关部门职能及内设机构调整，协调办正式更名为派出机构工作协调部。

第四节　监管制度

一、发行上市制度

以落实核准制为核心，我国资本市场已经建立起比较完备的证券发行监管体制，主要包括证券发行上市保荐制度、发行审核委员会制度、定价承销制度、首次公开发行并上市制度和再融资制度。发行上市的规范化和市场化程度不断提高。

（一）发行管理体制

自证监会成立至今，发行管理体制大体可分为四个阶段。

第一阶段，在 1997 年之前，实行"总量控制"。国务院每年确定总体发行额度计划，下达给各省市地区和国务院有关部委。

第二阶段，1997—2000 年 3 月，实行"总量控制和家数控制相结合"，国务院确定发行总规模后，中国证监会给各省市和各部委下达发行家数指标，对各省市和部门上报企业家数进行限制。

第三阶段，2000 年 3 月，根据《证券法》的规定并经国务院批准，我国新股发行正式实施核准制，将政府推荐企业发行上市改为由证券公司选择、推荐企业发行上市，发行体制从审批制过渡到核准制。

第四阶段，2014 年 1 月，实行注册制。注册制主要是指发行人申请发行股票时，必须依法将公开的各种资料完全准确地向证券监管机构申报。证券监管机构的职责是对申报文件的全面性、准确性、真实性和及时性作形式审查，不对发行人的资质进行实质性审核和价值判断，而将发行公司股票的良莠留给市场来决定。注册制的核心是只要证券发行人提供的材料不存在虚假、误导或者遗漏，即使该证券没有任何投资价值，证券主管机关也无权干涉，因为自愿上当被认为是投资者不可剥夺的权利。这类发行制度的代表是美国和日本。这种制度的市场化程度最高。

（二）主板、中小企业板发行上市制度

主板、中小企业板的发行上市制度，需要确定相关的程序与条件，主要涉及以下五个方面。

1. 证券发行上市保荐制度

2003年年底，中国证监会颁布《证券发行上市保荐制度暂行办法》，正式推出了证券发行上市保荐制度。保荐制度的核心内容是对企业发行上市提出了"双保"要求，即企业发行上市必须要由保荐机构进行保荐，并由具有保荐代表人资格的从业人员具体负责保荐工作。

作为证券发行上市市场化约束机制的重要制度探索，保荐制度推动了保荐机构及其保荐代表人牢固树立责任意识和诚信意识，发挥了市场对发行人质量的约束机制，保荐机构及其保荐代表人尽职推荐企业发行上市，从源头上提高了上市公司的质量。

2. 发行审核委员会制度

发行审核委员会是依据《证券法》设立，对申请发行股票的公司进行审核、提出专业意见的机构。1999年，《中国证券监督管理委员会股票发行审核委员会条例》发布后，由证监会、其他有关部委和证券交易所的代表及学者等组成的发审委正式成立。

3. 定价承销制度

2009 年 6 月 10 日，中国证监会发布《关于进一步改革和完善新股发行体制的指导意见》，紧紧围绕定价和发行承销方式两个关键环节进行市场化改革。在发行定价方面，完善询价和申购的报价约束，强化买方、卖方的内在制衡机制，增强价格形成的市场化程度；在发行承销方面，增加承销与配售的灵活性，逐渐改变完全按资金量配售股份；优化网上发行机制，适当向中小投资者倾斜，缓解巨额资金申购新股状况。

4. 首次公开发行并上市制度

2006 年 5 月证监会发布的《首次公开发行股票并上市管理办法》及其后发布的配套规则，对首次公开发行 A 股的条件、发行程序及信息披露要求进行了规范。首次公开发行股票须符合五方面的条件。

（1）主体资格。发行人应当是依法设立且合法存续的股份有限公司。除经国务院批准外，自股份公司成立后发行人持续经营时间应当在 3 年以上。发行人注册资本已足额缴纳。发行人的生产经营符合法律、行政法规和公司章程的规定，符合国家产业政策。发行人最近 3 年内主营业务和董事、高级管理人员没有发生重大变化，实际控制人没有发生变更。发行人的股权清晰。

（2）独立性。即人员、财务、业务等独立于控股股东和实际控制人及其控制的其他企业，资产完整。

（3）规范运行。发行人已经依法建立健全股东大会、董事会、监事会、独立董事、董事会秘书制度，相关机构和人员能够依法履行职责。发行人的董事、监事和高级管理人员符合法律、行政法规和规章规定的任职资格。发行人在最近 36 个月不得有重大违法、违规记录。发行人的公司章程中已明确对外担保的审批权限和审议程序。发行人有严格的资金管理制度。

（4）财务与会计。发行人应当具备如下财务指标条件：① 最近 3 个会计年度净利润均为正数且累计超过人民币 3000 万元，净利润以扣除非经常性损益前后较低者为计算依据；② 最近 3 个会计年度经营活动产生的现金流量净额累计超过人民币 5000 万元，或者最近 3 个会计年度营业收入累计超过人民币 3 亿元；③ 发行前股本总额不少于人民币 3000 万元；④ 最近一期末无形资产（扣除土地使用权、水面养殖权和采矿权等后）占净资产的比例不高于 20%；⑤ 最近一期末不存在未弥补亏损。

（5）募集资金运用。募集资金应当有明确的使用方向，原则上应当用于主营业务。

5. 上市公司再融资制度

上市公司再融资一般是指境内上市公司在境内证券市场进行再次融资的行为。目前上市公司可通过增发、配股、非公开发行股票、可转债、分离交易的可转债以及公司债进行再融资。

（1）增发。上市公司向不特定对象公开募集股份，应当符合下列规定：① 最近 3 个会计年度加权平均净资产收益率平均不低于 6%，扣除非经常性损益后的净利润与扣除前的净利润相比，以低者作为加权平均净资产收益率的计算依据；② 除金融类企业外，最近一期末不存在持有金额较大的交易性金融资产和可供出售的金融资产、借予他人款项、委托理财等财务性投资的情形；③ 发行价格应不低于公告招股意向书前 20 个交易日公司股票均价或前一个交易日的均价。

（2）配股。向原股东配售股份（以下简称配股），应当符合下列规定：① 拟配售股份数量不超过本次配售股份前股本总额的 30%；② 控股股东应当在股东大会召开前公开承诺认配股份的数量；③ 采用证券法规定的代销方式发行；

④ 控股股东不履行认配股份的承诺，或者代销期届满，原股东认购股票的数量未达到拟配售数 70% 的，发行人应当按照发行价并加算银行同期存款利息返还已经认购的股东。

（3）非公开发行股票。上市公司采用非公开方式，向特定对象发行股票，应当符合下列规定：① 发行价格不低于定价基准日前 20 个交易日公司股票均价的 90%。② 本次发行的股份自发行结束之日起，12 个月内不得转让；控股股东、实际控制人及其控制的企业认购的股份，36 个月内不得转让。③ 本次发行将导致上市公司控制权发生变化的，还应当符合证监会的其他规定。非公开发行股票的发行对象不得超过 10 名。发行对象为境外战略投资者的，应当经国务院相关部门事先批准。

（4）可转债。公开发行可转债的公司，应当符合下列规定：① 最近 3 个会计年度加权平均净资产收益率平均不低于 6%，扣除非经常性损益后的净利润与扣除前的净利润相比，以低者作为加权平均净资产收益率的计算依据；② 本次发行后累计公司债券余额不超过最近一期末净资产额的 40%；③ 最近 3 个会计年度实现的年均可分配利润不少于公司债券 1 年的利息；可转债的期限最短为 1 年，最长为 6 年。

（5）分离交易可转债。公开发行分离交易可转债，除应符合前述可转债的条件外，还应当符合下列规定：① 公司最近一期末经审计的净资产不低于人民币 15 亿元；② 最近 3 个会计年度实现的年均可分配利润不少于公司债券 1 年的利息；③ 最近 3 个会计年度经营活动产生的现金流量净额平均不少于公司债券 1 年的利息，或者最近 3 个会计年度加权平均净资产收益率平均不低于 6%，扣除非经常性损益后的净利润与扣除前的净利润相比，以低者作为加权平均净资产收益率的计算依据；④ 本次发行后累计公司债券余额不超过最近一期末净资产额的 40%，预计所附认股权全部行权后募集的资金总量不超过拟发行公司债券金额。分离交易可转债的期限最短为 1 年。

（6）公司债。上交所、深交所上市的公司及发行境外上市外资股的境内股份有限公司可以申请发行公司债，即纯 A 股公司、H 股公司和 B 股公司，均可以申请发行公司债。公开发行公司债，应当符合下列规定：① 最近 3 个会计年度实现的年均可分配利润不少于公司债券 1 年的利息；② 本次发行后累计公司债券余额不超过最近一期末净资产额的 40%，金融类公司的累计公司债券余额按金融企业的有关规定计算；③ 经资信评级机构评级，债券信用级别良好。公司债最短期限为 1 年，最长期限未做限定。

（7）可交换公司债。上市公司的股东还可以发行在一定期限内依据约定的条件可以交换成该股东所持有的上市公司股份的公司债。可交换公司债虽不是上市公司发行的，但也归入再融资进行管理。

（三）创业板发行上市制度

创业板市场是我国多层次资本市场的重要组成部分。国际金融危机后各国纷纷大力发展战略性新兴产业，在国内经济发展模式亟待转型的背景下，推出创业板市场，是落实我国自主创新国家战略的重大举措。

1. 创业板发行上市制度的建设和完善

创业板定位于促进自主创新企业及其他成长型创业企业的发展，这类企业通常具有自主创新能力强、业务模式新、规模较小、业绩不确定性大、经营风险高等特点，因此，创业板在制度设计上既要充分借鉴主板市场的经验，又要与主板有一定区别：一是要与创业板服务对象的特点相符合；二是要充分体现市场化原则，进一步发挥中介机构作用，加大市场约束；三是要以信息披露为本，并加大风险提示力度。

（1）创业板发行上市的基本条件。2009年4月，证监会发布《首次公开发行股票并在创业板上市管理暂行办法》（以下简称《管理暂行办法》），对首次公开发行股票并在创业板上市的企业应具备的条件、发行申请与审核程序、信息披露等做出了规定。

（2）创业板保荐人制度。根据《证券法》规定，创业板发行上市实行保荐制度。考虑到创业企业的特点，为更好地发挥保荐制度的作用，强化市场约束和风险控制，《管理暂行办法》要求保荐人对发行人的成长性进行尽职调查和审慎判断，并出具专项意见。

（3）创业板发行审核委员会制度。按照创业板建设总体安排，需要在统一的发审委制度之下，按不同层次市场的特点设立单独的发行审核委员会。

（4）创业板信息披露制度。创业板信息披露制度主要着眼于完善信息披露的内容，全面、充分地揭示企业的真实经营状况与潜在风险，突出风险因素的披露，使投资者对风险有充分的认识。

（5）创业板发行与承销制度。创业板企业的股票发行、承销与定价沿用了《证券发行与承销管理办法》《关于进一步改革和完善新股发行体制的指导意见》等有关规定，与主板保持一致。

（6）创业板投资者适当性管理制度。从国际上看，创业板市场风险通常大于主板市场。为了保护投资者合法权益，提示投资者审慎做出投资创业板股票的选择，创业板市场建立了投资者适当性管理制度，适度设置了投资者入市要求。

（7）创业板支持创新经济发展。2010年3月19日，证监会发布了《关于进一步做好创业板推荐工作的指引》，旨在引导市场各方正确认识和理解创业板，进一步明确在目前的宏观经济战略目标下，创业板市场的主要着力方向，进一步强调创业板定位于支持创新型和成长型企业的发展。

2. 创业板发行上市制度的实施

推出创业板是发行上市制度的重大创新。为此，政府采取了以下重要工作措施。

（1）受理和审核企业发行申请：证监会于 2009 年 7 月 20 日发布公告，明确从 2009 年 7 月 26 日起，依照法定要求和程序接收发行人首次公开发行股票并在创业板上市的申请。

（2）成立第一届创业板发行审核委员会：在《发审委办法》修订并发布后，2009 年 8 月 14 日，第一届创业板发行审核委员会成立大会在北京召开。

（3）成立创业板发行监管部，完善各项制度：为了更好地做好创业板发行监管工作，保证创业板的独立性，2009 年 11 月 25 日，经中央编制办公室批准，证监会设立创业板发行监管部。

（4）成立创业板专家咨询委员会：为建立监管部门与科技界更加紧密的沟通协作机制，进一步发挥创业板市场促进国家战略性新兴产业的作用，2010 年 10 月 29 日，第一届创业板专家咨询委员会成立。

3. 创业板发行上市制度的实施成效

创业板设立以来，市场各方积极参与，市场规模稳步扩大，实现了"顺利推出，平稳运行"的目标。截至 2010 年年底，证监会共受理申报企业 396 家，召开发审委会议 135 次，审核企业 242 家，其中通过企业 202 家，通过率 83.47%；已发行 163 家，已上市 153 家。上市企业主要分布在 25 个省、自治区、直辖市，广东、北京和浙江位居前三位。

二、交易结算制度

交易与结算制度，对规范证券交易活动的秩序、促进市场交易的发展，起着非常重要的作用。借鉴成熟市场的做法，也总结自身的实践经验，特别是引入先进信息系统技术，我国资本市场构建了具有我国特点的交易结算体系。

（一）交易制度

我国资本市场诞生以来，证券交易制度经历了较大变化。随着市场层次不断拓展和基础建设的不断加快，交易机制和体制不断完善。经过多年的发展，初步形成了与多层次资本市场相适应的交易场所、技术系统与交易制度。

1. 证券交易制度体系概述

目前，我国已建立了以《证券法》、证券交易所业务规则及细则为主要内容的证券交易制度体系，用以规范市场的证券交易行为，指导会员和投资者参与证券交易。上海、深圳证券交易所依据《证券法》制定、经中国证监会批准的交易规则，是证券交易制度的基本依据。

2. 证券交易场所的发展

我国的证券交易场所，随着我国证券法律制度的演变进行了不断调整，经历了一个从场外市场到场内市场，再从场内市场到场内市场与场外市场并存的发展过程，也经历了一个从有形市场到无形市场的发展过程。

3. 证券交易方式

依据交易价格形成机制的差别，主要的交易方式有以下三种。

（1）集中竞价交易。集中竞价交易一直是交易所市场最主要的交易方式。

（2）协议交易。为适应我国证券市场规模不断扩大、机构投资者比例日益提高的趋势，在证券交易所的集中竞价交易系统之外，上海、深圳证券交易所推出了大宗交易平台。大宗交易是一种协议转让的交易方式，主要服务于机构投资者间的大额证券买卖。

（3）做市商交易。2004年年底，为改善上市开放式基金（LOF）产品的流动性和提高市场稳定性，深圳证券交易所在该品种上试行主交易商制度；2007年7月，为提高固定收益证券的交易效率，促进固定收益证券市场的发展，上海证券交易所又推出了固定收益证券综合电子平台。这些都是我国证券交易所在某些交易品种上对做市商交易制度的尝试。

4. 集中竞价交易制度的主要内容

几十年来，围绕着基本的交易原则和交易规则，集中竞价交易的具体交易制度，包括交易时间、委托申报方式、申报价格最小变动单位，以及涨跌幅限制、开（收）盘价的产生方式、公开交易信息、交易行为的监督等，经历了多次反复和变迁。随着我国证券市场的发展和完善，逐渐确立了符合我国市场发展阶段、特点和需求的交易制度。

（二）结算制度

在证券交易所的集中交易形成之前，我国股票主要通过自行转让或通过证券商柜台代办转让，登记结算制度不完备。自1990年上海、深圳证券交易所成立后，上市证券的登记、存管与结算业务经历了一个从分散到集中、从简单到复杂、从地方到全国、从手工处理到利用计算机系统运作、从重操作便利到重投资者保护的发展过程，其安全性和效率不断提高。

1. 证券无纸化

证券无纸化对结算制度的设计与选择有着深刻影响。我国的证券交易，借助先进电子技术，迅速实现了证券的无纸化，其交易结算转变为无纸化方式，极大地提高了证券交易的效率。

2. 证券集中存管与直接持有体制

证券无纸化后，中国证券登记结算系统的另一次重大变革是，证券分散托管体制迈向集中存管体制。这一变化对证券登记制度和证券结算制度也产生了深远影响。

3. 证券交易的二级结算体系与客户资金安全

证券交易结算制度的设计，既要考虑效率，又要考虑安全。经过多年探索，我国逐步探索出以"二级结算和客户保证金第三方存管"为核心的结算体系，支持了我国资本市场的快速发展。

4. 证券登记结算法规体系和结算风险管理体系

证券登记结算系统的安全运行是我国资本市场稳定发展的基本保障。健全的证券登记结算法规体系和完备的证券结算风险管理体系，是支撑证券登记结算系统安全运行的两块重要基石。

三、信息披露制度

信息披露制度是世界各国对证券市场进行规范和管理的重要方式。世界成熟市场的监管实践证明，充分、及时、有效的信息披露能够有效防止证券市场的欺诈、不公平现象，从而增强投资者的信心。

（一）资本市场信息披露制度概述

在资本市场发展历程中，信息披露制度经历了从无到有、由粗入精，渐成体系的建设过程。我国资本市场的信息披露制度以《证券法》《公司法》等法律法规为基础，以"公开、公平、公正"的"三公"原则为指导，借鉴成熟市场的监管经验，结合我国资本市场的现实情况和经济环境，经过不断修订和补充而日臻完善。目前，已经形成了公开透明、纲目兼备、层次清晰、易于操作，覆盖资本市场各类需要公开披露信息主体，相对完备的信息披露规范体系。

（二）证券融资信息披露

证券融资的信息披露是信息披露活动的开端，对整个信息披露操作具有示范作用。最基本的证券融资信息披露包括股票融资的信息披露和债券融资的信息披露。

1. 股票融资的信息披露

股票融资的信息披露分为首次公开发行股票的信息披露和再融资的信息披露两种基本情形。

（1）首次公开发行股票的信息披露。首次披露主要包括招股说明书（募集说明书）和上市公告书。

（2）再融资的信息披露。目前，我国上市公司再融资的信息披露体系已经建立，其信息披露规定与首发的信息披露要求基本相同，主要体现在《证券法》关于新发股票的信息披露要求以及《上市公司证券发行管理办法》中的相关规定。

2. 债券融资的信息披露

2007 年中国证监会发布《公司债券试点办法》以来，已经建立了较为完善的上市公司发行公司债券的信息披露制度，形成了切实可行的信息披露规则体系，用以规范公开发行公司债券的信息披露行为。

（1）公司债券申请发行过程中的信息披露是指发行人董事会做出公司债券发行决议、股东大会批准，直到获得中国证监会核准为止的有关信息披露。

（2）公司债券发行过程中的信息披露是指发行人从刊登债券募集说明书到上市为止，通过中国证监会指定报刊向公众发布有关发行、定价及上市的各项公告，主要包括发行公告、路演公告、提示性公告及发行结果公告等。

（3）公司债券持续信息披露是指公司债券上市后发行人应当定期及不定期披露相关信息。

（三）上市公司的信息披露制度

信息披露是上市公司与投资者、市场监管者的主要交流渠道，也是上市公司区别于非上市公司的显著特征。上市公司信息披露制度是世界各国证券监管机构对其上市公司进行规范和管理的最主要制度之一，可以说它是各国证券监管制度的基石。

1. 上市公司信息披露的标准

从主要证券市场的实践看，上市公司信息披露的标准主要有两个：一是重要性标准，二是及时性标准。

2. 上市公司信息披露的方式

上市公司依法披露的信息，应当报送证券交易所登记后，并在中国证监会指定的媒体发布，且不得晚于其他公开披露方式，也不能以新闻发布或者答记者问等其他形式代替信息披露或泄露未公开重大信息。

3. 上市公司信息披露的具体形式

上市公司的信息披露，相对于首次公开发行的信息披露而言，我们称为持续信息披露，主要有定期报告和临时公告两种基本形式。

（四）证券投资基金信息披露制度

中国证监会于 1998 年基金行业发展之初就设计了公开信息披露制度，其目的在于向潜在的以及现有的投资者充分揭示产品特征及投资风险，增加基金运作的透明度，防止利益冲突与利益输送，进而规范和约束基金管理公司的行为。

（五）证券中介与服务机构的信息披露制度

实施证券中介与服务机构的信息披露，是增强证券行业透明度、保护投资者合法权益、加强社会监督的重要举措。证券公司综合治理以来，证监会逐步建立和实施了证券中介和服务机构的信息披露制度。

四、并购重组制度

并购重组是企业发展、扩张的重要方式和手段。随着资本市场的发展与产业结构调整的推进，我国上市公司的并购重组得到了较快发展，相关的法律法规不断完善。

（一）上市公司收购制度

自愿要约收购制度着眼于形式公平、程序公正，有利于活跃市场；强制性要约收购寻求的是实质公平，即要求收购人承担更多的社会成本，对收购可能会产生一定的抑制作用。

根据中国资本市场的实际需要，我国实行强制性要约收购制度。

我国上市公司收购制度的发展历程大致如下：1993 年,《股票发行与交易管理暂行条例》确立的强制性全面要约收购制度；2002 年,《上市公司收购管理办法》确立的上市公司股权分置下的强制性全面要约收购制度；2006 年，《上市公司收购管理办法》确立的强制要约义务。

（二）上市公司重大资产重组

重大资产重组往往涉及上市公司资产、业务、收入、人员的重大调整，既包括以重组方（控股股东）为主导的借壳上市，也包括以上市公司为主导的对外扩张或业务收缩。

对于上市公司重大资产重组的监管，经历了从审批制、事后备案制、事中审核备案制到行政审批制的演变，走过了从严格审批到放松管制再到鼓励与规范并举的历程。

1. 审批制

1998 年 12 月，证监会发布《关于上市公司置换资产、变更主营若干问题的通知》，对上市公司资产重组行为进行规范，规定上市公司变更主营业务按重新上市对待，应当事先取得证监会的批准。

2. 事后备案制

2000 年 7 月，证监会发布《关于上市公司重大购买、出售、置换资产若干问题的通知》，对重组采取了积极鼓励的政策，将重组与再融资挂钩，在程序上由原来的事前审批制调整为事后备案制。

3. 事中审核备案制

针对并购重组中出现的规避监管、虚假重组、利用重组掏空上市公司等侵害公司和广大中小股东合法权益的种种不规范行为，证监会于 2001 年 12 月出台了《关于上市公司重大购买、出售、置换资产若干问题的通知》，对重组从严监管，采取了备案制下的事中审核，强调规范运作。

4. 行政审批制

2008 年 4 月 18 日，证监会以主席令的形式发布了《上市公司重大资产重组管理办法》，作为规范上市公司重大资产重组的主要规章确立了比照新公司上市的审批制。

五、分类监管制度

分类监管是国际上通行的金融机构监管方式，又称差异监管，一般是指监管当局对处于不同类别的监管对象采取不同的监管措施，目的是促使监管对象规范运作，并提高监管效率。我国资本市场借鉴了这一监管方式，对证券、期货公司实施了以风险管理能力为核心的分类监管。

（一）证券公司分类监管制度

综合治理工作结束后，证券公司监管开始步入常规监管轨道。以往的综合类与经纪类的分类，以及创新类与规范类的分类，均不能完全适应监管工作要求。2007 年，中国证监会启动了以净资本为基准，以风险管理能力为核心，以合规程度为依据，以市场准入和监管措施为手段，以扶优限劣为目标的新的分类监管制度。

1. 主要内容

证券公司分类监管制度的设计，涉及评价指标、评价方法、评价程序、类别划分、结果使用等多个方面。

2. 实施成效

证券公司经过多年的分类监管实践，分类评价的规则、标准、过程越来越公开透明，分类评价工作和证券公司分类结果也越来越受到行业的认可，对促进证券公司加强风险管理与合规经营、提高全行业的抗风险能力都起到了良好效果。

（二）期货公司分类监管制度

2009 年 8 月 17 日，中国证监会发布了《期货公司分类监管规定（试行）》（以下简称《试行规定》），并于 2009 年 9 月 1 日起正式施行。《试行规定》的实施，标志着我国期货公司分类监管制度的全面推行。期货公司分类监管是我国期货市场基础性制度建设的一项重要内容，也是贯彻落实"国九条"和期货法律法规的具体体现。期货公司分类监管制度的实施，对于推动期货行业稳定健康发展发挥了重要作用。

1.主要内容

期货公司分类监管制度的主要内容包括评价指标、评价方法、分类办法、组织实施和结果运用等方面。

2.实施成效

实施分类监管是为了更有效地对期货公司进行监督管理，合理配置监管资源，提高监管效率，促进期货公司持续健康发展。实践证明，分类监管实施后，无论是在提高监管效能，还是在促进期货行业功能发挥、期货公司抗风险能力增强等方面，都取得了较好效果，对期货行业发展产生了积极影响。

六、会计标准及内部控制制度

资本市场创立以来，为了适应经济体制改革和资本市场发展的需要，我国的会计制度多次进行了相关改革。历史经验证明，资本市场发展是会计制度改革的推动力，会计制度改革则通过在借鉴国际经验的基础上调整和完善会计标准，提高信息披露质量，促进了资本市场的健康稳定发展。

（一）会计制度发展历程

在资本市场需求和业务创新的推动下，我国的会计标准已经与国际通行会计标准趋同。在这一过程中，会计标准不仅经历了从"制度"到"准则"的形式转变，并且在具体内容上脱胎换骨。经过这一变革，以原则为导向的会计理念逐步被实务界理解和接受，实质重于形式已经成为选择和确定会计政策的法则，会计职业判断逐渐成为上市公司和注册会计师日常工作的重要组成部分。

我国会计制度的发展大致经历了以下四个过程。

（1）资本市场创建初期，会计制度改革相对滞后，股份公司遵循的会计标准不一。

（2）资本市场的发展促进了"两则两制"和股份公司会计制度的诞生。

（3）资本市场的会计实践加速了具体会计准则的发布，确立了以企业会计制度和相对完备的会计准则并重的会计标准体系。

（4）为适应经济全球化进程，实施与国际惯例趋同的企业会计准则体系。

（二）加强企业内部控制建设，提高财务信息披露质量

为加强上市公司的规范化运作和管理，提高财务信息的真实性、可靠性和披露质量，我国上市公司内部控制建设需要不断加强。从完善会计控制到规范业务流程，直至在企业经营过程中着力创造良好的内控环境，资本市场发展多年以来，我国上市公司的内部控制水平逐步提高。

（三）对资本市场执行会计标准的监管措施

会计信息的编制基础是会计准则，而提高上市公司会计信息质量不仅需要高质量的会计准则，更需要对会计准则的有效执行。资本市场创立以来，经过多年的探索和发展，能够适应新兴加转轨阶段资本市场特点的会计监管体系已初步建立。

在会计标准执行监管层面，中国证监会建立了汇集相关业务部门和专业部门、派出机构、证券交易所"三位一体"的综合动态监管体系，全面加强了对会计准则的执行监管。

1. 年度财务报告监管

年度报告是上市公司的定期报告之一，也是上市公司对其生产经营状况的阶段性总结，对投资者的投资决策意义重大。上市公司年报中的会计信息监管一直是中国证监会的工作重点，经过多年监管实践，已对其形成了有效的监管。

2. 首席会计师联席会议制度

2007 年，中国证监会建立了首席会计师联席会议制度。

首席会计师联席会议由证监会首席会计师召集，成员来自会内 12 个部门和上海、深圳证券交易所。

首席会计师联席会议负责：研究证券、期货市场监管和行政处罚案件中涉及的重大会计、审计、资产评估、公司内部控制及相关信息披露问题，统一执行中的监管原则和标准等重大事项。

3. 证券监管系统会计专业技术小组

中国证监会的派出机构，各证券、期货交易所和中国登记结算公司均于2005 年成立了会计专业技术小组。会计小组成立以来，在统一证券监管系统会计专业监管标准、增强监管系统会计监管的协调性以及提高监管人员专业素质方面发挥了积极作用。

七、投资者保护制度

保护投资者合法权益是证券期货监管工作的重中之重，也是国际证监会组织提出的证券监管三大目标之一。我国证券市场自诞生以来，一直十分重视投资者保护制度的建设和完善，已基本形成投资者立法保护、行政保护、司法保护、行业自律保护、社会监督与自我保护相结合的多层次投资者保护机制。

（一）多层次投资者保护机制

经过多年的发展，我国投资者保护的参与主体逐渐增多，形成了多层次投资者保护机制。

1. 投资者自我保护

近年来，我国建立了投资者教育体系，开展了投资者教育与服务巡讲等一系列富有特色、注重实效的投资者教育活动，投资者教育的针对性、适用性逐步提高，投资者风险意识和自我保护意识明显增强，投资者自我保护机制日益完善。

2. 立法保护

《中华人民共和国宪法》2004 年修正案明确提出公民合法的私有财产不受侵犯。2005 年修订后的《公司法》和《证券法》进一步加强了投资者保护力度，明确了股东权利和公司控股股东、实际控制人的赔偿责任，确立了投资者保护的创新机制——证券投资者保护基金制度，为投资者保护提供了基本的法律依据和机制保障。

3. 司法保护

近年来,我国的民事立法政策和司法政策逐步出现了转变,开始探求在法院的介入下,通过民事诉讼机制解决证券侵权所导致的群体性纠纷,保护投资者权益。

4. 行政保护

近年来,我国证券监督管理部门不断强化信息披露制度、加强日常监管、严格行政执法与处罚,开展了股权分置改革、清理大股东清欠等一系列活动,有力地保护了投资者。

5. 行业自律保护

行业自律已是投资者保护机制的重要组成部分。自律组织包括证券业协会、交易所、独立董事协会等。

6. 社会监督

随着信息传播手段的快速发展,市场日益透明,社会监督在投资者保护方面起到了越来越重要的作用。

(二)投资者保护的法律法规体系

目前,我国初步建立起了以《证券法》《公司法》为核心,包括法律、行政法规、部门规章和规范性文件在内的证券市场法律法规体系,内容涵盖了证券发行与交易、证券经营与服务、上市公司、信息披露、机构投资者以及监督管理法律责任等法律制度,与《中华人民共和国行政处罚法》《中华人民共和国刑法》《中华人民共和国企业破产法》等法律法规相结合,为保护投资者利益、维护证券市场秩序、促进证券市场长期稳定健康发展提供了基本保障。

（三）证券投资者保护基金制度

借鉴成熟市场的通行做法，我国资本市场引入了证券投资者保护基金制度。这一制度的确立，是投资者利益保护的重要举措，标志着投资者保护进入了一个新阶段。

1. 证券投资者保护基金制度的确立

为建立防范和处置证券公司风险的长效机制，维护社会经济秩序和社会公共利益，保护证券投资者的合法权益，促进证券市场有序、健康发展，2005 年 6 月 30 日，经国务院批准，证监会、财政部、人民银行联合发布了《证券投资者保护基金管理办法》，设立证券投资者保护基金，在防范和处置证券公司风险中用于保护证券投资者。

2. 证券投资者保护基金偿付制度的运行

保护基金公司成立以来，严格按照《证券投资者保护基金管理办法》等法律法规的要求，执行保护基金偿付政策，保护了证券投资者的合法权益。

（1）稳妥审查拨付保护基金，严格执行国家政策，收购被处置证券公司的个人债权和弥补客户证券交易结算资金缺口。

（2）建立健全保护基金受偿债权管理机制，依法履行债权人职责，积极参与破产清算工作。

（3）开展以拟收购债权、保护基金使用情况和休眠账户、单资金账户为重点的专项审计检查，确保保护基金安全合规使用。

3. 证券投资者保护基金的筹集与管理

保护基金按照"取之于市场、用之于市场"的原则筹集，其筹集的具体方式和标准由证监会商财政部、人民银行决定。

八、上市公司辖区监管责任制度

2004 年，上市公司监管率先实行了辖区监管责任制。实践表明，辖区监管责任制是一种适合我国国情的监管工作体制，在提升监管效率和监管执行力方面发挥了重要作用。目前，辖区监管责任制的框架已经成形：一方面，厘清系统内各部门的监管职责，打造各部门甚至各个岗位权责明晰、相互衔接的监管链条；另一方面，建立证监会机关、证监会派出机构、交易所"三位一体"的协作机制，形成系统内部沟通渠道畅通的监管合力。

（一）辖区监管责任制度的建立

2004 年，为了贯彻落实国务院《关于推进资本市场改革开放和稳定发展的若干意见》，适应当时我国上市公司监管工作形势，根据《派出机构监管工作职责》的规定，证监会制定并施行了《上市公司辖区监管责任制工作指引（试行）》，这是我国上市公司监管体制的一次重大改革，按照"属地监管、权责明确、责任到人、相互配合"的要求，进一步明确了证监会机关、各证监局、证券交易所的工作职责和定位。

（二）辖区监管责任制度的实施

辖区监管责任制是集中、统一监管体制建立后，监管体制的一次重要改革与创新，其实施效果显著，优化了监管资源配置，提高了监管工作效率。

辖区监管责任制度的实施效果，主要体现在以下四个方面。

（1）统一了监管理念，明确了工作职责和定位。

（2）促进了近年来各项重点工作的顺利完成。

（3）提高了上市公司的监管水平和有效性。

（4）建立行之有效的内外部协作体系，堵塞监管漏洞。

第五节　自律组织

中国资本市场构建了一个与市场经济体制相适应，又具有中国特色的监管体制，即一方面是监管机构的监管，另一方面是行业自律组织的自我约束。自律性组织在促进行业提高服务质量、维护行业的正当竞争秩序、保护投资者利益等方面，发挥了积极作用。

一、中国证券业协会

中国证券业协会是中国资本市场最早成立的自律性组织，开展全行业的自律管理。此外，各省、自治区、直辖市也建立了地方证券业协会，开展属地的自律管理。

（一）中国证券业协会的基本情况

中国证券业协会成立于 1991 年 8 月 28 日。中国证券业协会是证券业的自律性组织，是依法注册的非营利性社会团体法人。协会采取会员制的组织形式，最高权力机构为全体会员组成的会员大会，理事会为其执行机构。

协会的宗旨是：在国家对证券业实行集中统一监督管理的前提下，进行证券业自律管理。中国证券业协会的会员队伍，随着协会的发展不断扩大。截至

2014 年年底，协会共有会员 869 家，其中，法宝会员（证券公司）120 家，普通会员（基金管理公司、期货公司、信托公司等）668 家，特别会员（地方证券业协会等）81 家。

1. 协会简介

中国证券业协会（Securities Association of China，SAC）是依据《证券法》和《社会团体登记管理条例》的有关规定设立的证券业自律性组织，属于非营利性社会团体法人，接受中国证监会和国家民政部的业务指导和监督管理。

2. 协会的宗旨

在国家对证券业实行集中统一监督管理的前提下，进行证券业自律管理；发挥政府与证券行业间的桥梁和纽带作用；为会员服务，维护会员的合法权益；维持证券业的正当竞争秩序，促进证券市场的公开、公平、公正，推动证券市场的健康稳定发展。

3. 主要职责

依据《证券法》的有关规定，行使下列职责：① 教育和组织会员遵守证券法律、行政法规；② 依法维护会员的合法权益，向中国证监会反映会员的建议和要求；③ 收集整理证券信息，为会员提供服务；④ 制定会员应遵守的规则，组织会员单位的从业人员的业务培训，开展会员间的业务交流；⑤ 对会员之间、会员与客户之间发生的证券业务纠纷进行调解；⑥ 组织会员就证券业的发展、运作及有关内容进行研究；⑦ 监督、检查会员行为，对违反法律、行政法规或者协会章程的，按照规定给予纪律处分。

依据行政法规、中国证监会规范性文件规定，行使下列职责：① 制定自律规则、执业标准和业务规范，对会员及其从业人员进行自律管理；② 负责证券业从业人员资格考试、认定和执业注册管理；③ 负责组织证券公司高级管理人员资质测试和保荐代表人胜任能力考试，并对其进行持续教育和培训；④ 负责做好证券信息技术的交流和培训工作，组织、协调会员做好信息安全保障工作，对证券公司重要信息系统进行信息安全风险评估，组织对交易系统事故的调查和鉴定；⑤ 负责制定代办股份转让系统运行规则，监督证券公司代办股份转让业务活动和信息披露等事项；⑥ 行政法规、中国证监会规范性文件规定的其他职责。

依据行业规范发展的需要，行使其他涉及自律、服务、传导的自律管理职责：① 推动行业诚信建设，督促会员依法履行公告义务，对会员信息披露的诚信状况进行评估和检查；② 制定证券从业人员职业标准，组织证券从业人员水平考试和水平认证；③ 组织开展证券业国际交流与合作，代表中国证券业加入相关国际组织，推动相关资质互认；④ 其他自律、服务、传导职责。

（二）中国证券业协会的自律管理体系

近年来，中国证券业协会的自律管理职能逐步拓展和深化，逐步建立了一整套包括自律管理组织体系、自律规则体系、诚信自律管理体系、会员管理体系、从业人员管理体系、场外交易市场管理体系等在内的多层次自律管理体系。

（三）协会围绕自律、服务、传导职能开展的相关工作

多年以来，中国证券业协会的自律管理职能不断拓展。围绕自律管理、促进资本市场健康稳定发展这一主题，中国证券业协会积极开展了相关工作。这些工作主要包括以下四个方面。

（1）发挥服务、传导职能，引领行业稳健发展。

（2）强化行业信息技术安全与保障。

（3）开展投资者教育工作。

（4）扩大合作领域，加强国际交流。

二、中国期货业协会

2000 年 12 月 29 日，中国期货业协会在北京正式成立。作为全国性期货行业自律组织，协会自成立以来就积极探索自律职能发挥，不断完善自身组织体制建设。十几年来，伴随着期货市场的不断发展，协会积极贯彻落实国家关于"稳步发展期货市场"的方针政策，紧密围绕"自律、服务、传导"三项基本宗旨，积极开展各项相关工作，取得了较好的成绩，行业地位和影响力明显提升，在促进期货市场持续、稳步、健康发展的过程中发挥了积极而重要的作用，逐步成为期货市场"五位一体"监管体系的重要组成部分。

（一）会员结构

目前，协会由以期货经纪机构为主的团体会员、期货交易所特别会员组成。"团体会员"是指经中国证监会审核批准设立的期货经纪公司等机构。

"特别会员"是指经中国证监会审核批准设立的期货交易所。

截至 2003 年 9 月，中国期货业协会共有 189 家会员单位，其中团体会员 186 家，特别会员 3 家（郑州商品交易所、大连商品交易所、上海期货交易所）。

会员单位分布在全国 32 个省、市、自治区，以上海、北京、浙江、广东等地区最为集中。

2007 年 12 月，中金所被吸收为特别会员。

（二）协会宗旨

在国家对期货业实行集中统一监督管理的前提下，进行期货业自律管理；发挥政府与期货行业间的桥梁和纽带作用，为会员服务，维护会员的合法权益；坚持期货市场的公开、公平、公正，维护期货业的正当竞争秩序，保护投资者利益，推动期货市场的健康稳定发展。

（三）主要职能

（1）根据期货法律法规和规章，制定期货业行为准则、业务规范及其他自律性规则，参与拟订与期货相关的行业和技术标准。

（2）为会员服务，依法维护会员的合法权益，积极向中国证监会及国家有关部门反映会员在经营活动中的问题、建议和要求。

（3）开展行业资信评级和信用体系建设，表彰、奖励行业内有突出贡献的会员和个人。

（4）监督、检查会员的执业行为，受理对会员的举报、投诉并进行调查处理，对违反本章程及自律规则的会员给予纪律处分；向中国证监会反映和报告会员执业状况，为期货监管工作提供自律组织意见和建议。

（5）对会员之间、会员与客户之间、从业人员与客户之间发生的期货业务纠纷进行调解。

（6）收集、整理期货信息，编辑出版期货业务书籍报刊；开展会员间的业务交流，组织开展期货研究，推动业务创新，为会员创造更大市场空间和发展机会。

（7）组织期货从业人员资格考试，负责期货从业人员资格注册及自律管理工作。

（8）对期货从业人员进行持续教育和业务培训，提高从业人员的业务技能和执业水平。

（9）负责行业信息安全保障工作的自律性组织协调，提高行业信息安全保障和信息技术水平。

（10）广泛开展期货市场宣传和投资者教育，为行业发展创造良好的环境。

（11）开展期货业的国际交流与合作。

（12）法律、法规规定，以及中国证监会或会员大会赋予的其他职责。

（四）中国期货业协会发展的基本情况

协会是根据《社会团体登记管理条例》设立的全国期货行业自律性组织，为非营利性的社会团体法人。由期货公司等从事期货业务的会员、期货交易所特别会员和地方期货业协会联系会员组成。

协会的宗旨是指在国家对期货业实行集中统一监督管理的前提下，进行期货业自律管理；发挥政府与期货行业间的桥梁和纽带作用，为会员服务，维护会员的合法权益；坚持期货市场的公开、公平、公正，维护期货业的正当竞争秩序，保护投资者利益，推动期货市场的健康稳定发展。

（五）围绕自律职能，积极开展各项工作

自成立以来，中国期货业协会在中国证监会的指导监督和社会各界的关心支持下，紧密围绕"自律、服务、传导"三项基本宗旨，积极开展各项工作，为促进期货市场的稳步、持续、健康发展发挥了积极的作用。

参考文献

[1] 黄嵩.资本市场学 [M].北京：北京大学出版社，2015.

[2] 黄嵩.资本的逻辑 [M].北京：北京大学出版社，2012.

[3] 李北伟.投资经济学 [M].北京：清华大学出版社，2009.

[4] 史建平.中国中小微企业金融服务发展报告（2017）[M].北京：中国金融
出版社，2017.

[5] 王国刚.资本市场导论 [M].北京：社会科学文献出版社，2014.

[6] 中国证券监督管理委员会.中国资本市场二十年 [M].北京：中信出版社，
2012.